はじめに
学校のICT革命が
学級づくりを変える

　文部科学省は，新しい学習指導要領の総則で，子どもたちの肯定的で支持的な人間関係力の育成を重視して，「学級経営の充実」というキーワードを小・中・高で共通する一貫したテーマとして掲げ，いじめのない支え合う学級づくりの推進を提唱している。

　このような人間関係力の育成が強く求められる中，私たちは，「学級力」という新しい資質・能力を提案し，子どもたちが学習と生活の場である学級の中で，主体的につながり合い，育ち合う関係性を築いていく力を育てていきたいと考えてきた。その結果，全国の学校や教育委員会から好評を得て，学級力向上プロジェクトの実践も大きな広がりを見せている。これを機に，学校の存在意義として，個と集団が響き合いながら，共に成長する場であることを確かなものにしたいと考える。

　そこで，GIGAスクール構想の実現に伴い，学級力アンケート及び学級力可視化ソフトもリニューアルし，ICTを活用した効率的かつ，効果的な実践事例の提供と共に，関連ファイルもすべてダウンロード可能にした魅力的なハンドブックを作る準備が整い，新しい企画の構想を立て，制作を進めてきた。本書を通して，ぜひとも，「学級のみんなが一人ひとり大切にし合う新しい学級づくり」をコンセプトにした実践事例を理解していただき，いじめのない，明るくて楽しい生き生きとした安心・安全な学級が生まれてくることを心より願っている。

愛知教育大学　磯部征尊

早稲田大学教職大学院　田中博之

目 次

はじめに
学校のICT革命が学級づくりを変える
磯部征尊　田中博之 ………… i

第1章　学級力ってなに？　どうしたら学級力向上プロジェクトになるの？
磯部征尊 ………… 001

第2章　1人1台タブレットで子どもが主役の学級づくりを！
向田識弘 ………… 015

第3章　学級力向上プロジェクトの進め方
日比野浩規 ………… 023

第4章　[基本実践編] 学級力アンケートで子どもたちが学級を評価し改善する

実践事例 1　必要感をもってよりよい学級をつくる
学級力向上プロジェクト[小学校6年]
佐藤 宏 ………… 034

実践事例 2　生徒たちが主体的に理想の学級を
目指す実践[中学校3年]
河村亮太 ………… 041

実践事例 3　学級力新聞・はがき新聞で
学級パワーがUP！[小学校1・4年]
小川沙也加 ………… 048

実践事例 4　全校体制で取り組む
学級力向上プロジェクト[中学校全学年]
高尾早彩 ………… 055

第5章 タブレット活用編 1人1台タブレットで学級力の実践がすぐできる

実践事例 5 Googleフォームで簡単入力！ Googleスプレッドシートへ簡単ペースト！[小学校高学年]
内藤一貴　小幡貴司　………062

実践事例 6 Microsoft Teamsでアンケートの簡単入力と，レーダーチャートの自動生成[小学校5・6年]
中島大輔　………071

実践事例 7 Google Jamboardを活用した学級力の診断と改善[中学校2年]
熊瀬功督　………080

実践事例 8 ロイロノートとテキストマイニングを活用した学級の「見える化」[小学校高学年]
成瀬雄志　………087

第6章 学級力プロット図と個人レーダーチャートを生かした取組

実践事例 9 子どもの不安や不満が「見える」学級力プロット図と個人レーダーチャート[小学校5年]
宇都亨　………094

実践事例 10 個の輝きが生み出す居心地のよい学級[中学校2年]
兼松健太郎　………100

はがき新聞で自尊感情と共創意識を育む
今宮信吾　………106

第7章 応用実践編 学級力向上プロジェクトを こう発展させる！

実践事例11 若手教員の学級マネジメント力を
校内研修で伸ばす
安部 徹 110

実践事例12 校内スキルアップ研修で
教員の学級経営力を高める
藤井幸一 117

実践事例13 ミドルリーダー研修で中堅教員の
学校マネジメント力を育てる
今田宗孝 125

実践事例14 タブレットと手書きのコラボで
はがき新聞をつくる
仲野和義 133

実践事例15 教育委員会がリードする
学級力向上プロジェクトの取組と
ロイロノートで行った学級力アンケートの集計・分析
亀山雅之 139

第8章 キーワードで理解する 学級力の育て方

学級力向上プロジェクトがもたらす効果
藤原寿幸 146

一人ひとりを生かす
寺山晋一 149

愛と信頼に裏打ちされた教職員集団づくり
坂井孝行 151

ていねいな指導
林 秀樹 153

協働的な学びと学級力
大山和則 ……… 155

生徒指導と学級力向上プロジェクト
齋藤まゆみ ……… 158

子どもが主体の学級会と係活動
神子島 強 ……… 160

二次元バーコードを活用した
アンケートで時短を図る!
河村敏文 ……… 163

学校全体で「学級力!!」
横山和伸 ……… 166

生徒の声を大切にした学級づくり
上松 開 ……… 169

クラス目標達成への道!
平林千恵 ……… 172

特別活動と学級力の親和性
菊池友也 ……… 175

スマイルカードの紹介
川畑 研 ……… 178

学級力から学年力への拡大
小松陽子 ……… 180

「学級力」を「学校力」へ高める
竹内 満 ……… 183

おわりに
「個別最適化な学び」と
「協働的な学び」の
創造に向けて
伊藤大輔 ……… 185

資料のダウンロードと活用に関するお願い

ダウンロード資料は，金子書房のホームページ『NEW 学級力向上プロジェクト 2』のページ（https://www.kanekoshobo.co.jp/book/b648936.html）よりダウンロードしてご使用ください。

| 金子書房　NEW 学級力向上プロジェクト 2 | 検索 |

また，活用にあたっては，次の点をお願い申し上げます。

1　収録されているそれぞれのファイルには，パソコンの動作環境に関する制限があります。うまく作動しない場合には，それぞれのソフトウェアの最新版でお試しください。

2　集計ソフト（レーダーチャート作成ソフト，プロット図作成ソフト）は，参考資料として付けているもので，完全なソフトウェアの動作保証をしているわけではありません。動作中にデータが失われるなどのトラブルが生じても責任を負いかねますので，ご了承願います。

3　上記により，集計ソフトにおけるデータのバックアップをとることをお勧めします。

4　すべてのファイルには，著作権があります。ご使用は，個人的な場面や学校の授業などに限定し，公開の場での利用や，参加費などを徴収する有料の研究会や集会などでのご使用に際しては出典を明記するとともに，金子書房編集部宛使用許可の申請をお願いします。内容を確認の上，許諾します。また，ホームページなどへの掲載を含む，第三者への頒布はご遠慮ください。

5　ファイルをダウンロードできない場合は，ブロードバンドによる通信環境（光回線，CATV 回線等）のもとで，再度実行してください。通信環境がよくない場合，作動しないことや時間がかかることがありますので，予めご了承願います。

1 学級力とはなにか

　昨今，大きな問題の1つがいじめや不登校問題である。いじめや不登校を未然に防止するためには，素直な気持ちで「ありがとう」や「ごめん」をみんなで言い合える学級（学校）や，笑顔や拍手を通じて，みんなで賞讃できる学級（学校）など，子どもたちが毎日「おはよう」と言って安心して校内・教室に入り，先生や友だちを信じ，なんでも話し合える学級づくりを築いていくことが大切である。このような「支持的な学級風土のある学級（学校）」を目指すためには，学級（学校）の子どもたちが持つべき仲間づくりの力が必要である。具体的には，小学校では，「目標をやりとげる力」や「話をつなげる力」「友だちを支える力」「安心を生む力」「きまりを守る力」の5つの力を総称した力が「学級力」である。中学校では，「達成力」「自律力」「対話力」「協調力」「安心力」「規律力」の6つの力を総称した力が,「学級力」として設定されている（田中ら，2017）[1]。

2 学級力向上プロジェクトとはなにか

　学級力向上プロジェクトとは，子どもたちが主体となって学級力アンケートを実施し，学級の実態を客観的に捉えて，その診断結果を基に，学級全員で学級力向上の取組を実践するプロジェクト学習である。具体的には，まず学級力アンケートによる学級力の自己評価（Research）を行い，学級力レーダーチャートを用いて話し合い（以下，スマイルタイム）を進める（Plan）。次に，子どもたちは，学級力を向上させるためにスマイル・アクションに主体的に取り組む（Do）。その後は，子どもたちは，定期的に学級力アンケートを実施し，レーダーチャートが変化した内容を見ながら改善策を考える（Check）。子どもたちは，改善したスマイル・アクションを実施する（Action）。このように，学級力

向上プロジェクトとは，「学級力を用いた子ども主体の学級づくり」，すなわち，1年間の「Research-Plan-Do-Check-Actionサイクル（以下，R-PDCAサイクル）」を意図的・計画的に実践する協働的な問題解決型のプロジェクト学習である。

3 学級力向上プロジェクトの進め方

学級力向上プロジェクトの流れを表1に示す。

表1　学級力向上プロジェクトの流れ

R	・「よい学級とは，どんな学級？」というテーマで話し合う（スマイルタイム）。 ・第1回学級力アンケートを実施し，学級力レーダーチャートを作成する。 ・レーダーチャートを見ながら学級力を診断する（スマイルタイム）。
P	・学級力を高める具体策（スマイル・アクション）を決める（スマイルタイム）。
D	・朝の会や授業中，休み時間，帰りの会，学校行事などで，スマイル・アクションを実施する。
C	・第2回学級力アンケートを実施し，学級力レーダーチャートを作成する。 ・レーダーチャートを見ながら学級力を診断し，改善策を考える（スマイルタイム）。
A	・改善したスマイル・アクションを実施する。

※左端の英字は，R-PDCAサイクルの各段階を示す。

Research（診断）では，初めに，学級の状態や実態を，子どもたち自身に客観的に捉えさせる。学級力アンケートで，子どもたちが自分たちの学級をセルフアセスメントするのである（図1～4）。

図1　小学校低学年用

図2　小学校高学年用

図3　中学校用（表面）

図4　中学校用（裏面）

❶ 学級力ってなに？　どうしたら学級力向上プロジェクトになるの？

004

図1のように，小学校低学年の場合，○○パワーとして子どもたちに分かりやすい項目で設定されている。低学年用は，主語が「わたしは」で，文末は「います」とする点が特徴である。小学校高学年では，5つの力（目標をやりとげる力，話をつなげる力，友だちを支える力，安心を生む力，きまりを守る力）が設定されている。図3～4に示したように，中学校では，6つの力（達成力，自律力，対話力，協調力，安心力，規律力）で構成されている（高等学校も同様）。

　学級力を高めるためには，子どもたち全員が学級の状態を知る必要がある。仮に，Research（診断）がなければ，担任の主観や発言力のある子どもの声で学級づくりが進んでいってしまう。子どもたちが学級の実態を知ることで，学級改善への課題意識を自分事として考えることができるようになる。ただし，Research（診断）を行う際の留意点は，以下の3点である。

○アンケートを行う目的（学級のよい点や課題など，学級の状態を学級全員で診断するためのデータを取ること）について，学級担任と子どもとで共通の認識を持つこと
○各設問の主語は，「みんなは」であり，文末の「学級です」に注目させること
○個人を評価するのではなく，学級全体を評価することを確認すること

　「Plan（計画）」では，子ども同士が，学級力レーダーチャートに基づいて学級をよりよくするための話し合い（スマイルタイム）を行う。スマイルタイムとは，学級力アンケートの結果をレーダーチャートで可視化し，そのレーダーチャートに基づいて子どもたちが自分たちの仲間づくりの成果と課題を出し合ったり，これからの学級力向上の取組のアイディアを出し合ったりする会議のことである。最初に，「①低い項目・高い項目の理由探し」を行う。レーダーチャートの結果は，あくまでも「集団」としての結果であることを子どもに伝えることが大切である。低い項目の理由を話し合う時には，友だちの名前は出さないようにする。

次に，「②理想のクラスに近付けるために，どの項目を高めていきたいか」を決める。学級の子どもたちの意見を拾いつつ，1つか2つの項目に絞っていくことが大切である。高めたい項目が決まったら，「③着目した項目を高めるスマイル・アクション」を出し合う。子どもが司会をすることも大切である。表2は，本書執筆者の1人である林秀樹氏が活用している司会原稿である。

表2　高学年のスマイルタイムの進め方

順序	話す内容
1．初めの言葉	これから第●回の学級会を始めます。
2．役割の紹介（1分）	役割を紹介します（全員が自己紹介する）。 私は，司会の（　　　　　　）です。 私は，黒板書記の（　　　　　　）です。 私は，ノート書記の（　　　　　　）です。
3．今日の議題と提案理由（1分）	今日の議題は，「学級パワー」についてです。 提案理由を（　　　　　　）さんに説明してもらいます。 よく聞いてください。 では，（　　　　　　）さん，お願いします。 ありがとうございました。質問はありますか。
4．先生の話（1分）	先生のお話です。先生，お願いします。 ありがとうございました。
5．話し合い 話し合うこと①（5分） 話し合うこと②（6分） 話し合うこと③（15分）	まず，めあてを確認します。 めあては，「○−○がよりよいクラスになるためには，どうしたらよいか，学級パワーをもとに考えよう」です。 それでは，話し合いを始めます。 まず，「良かったパワー」と理由を発表してください。 次に，「伸ばすべきパワー」と理由を発表してください。 最後に，どうすれば学級パワーが上がり，よりよいクラスになるか，改善策を発表してください。 では，どのパワーを中心に取り組みますか。意見はありますか（意見をしぼっていく）。
6．決まったことの発表	今日決まったことを，ノート書記の（　　　　　　）さんに発表してもらいます。 （　　　　　　）さん，お願いします。
7．先生の話	先生のお話です。先生，お願いします。 ありがとうございました。
8．振り返り	振り返りを自主勉ノートに記入してください。
9．終わりの言葉	これで，第●回学級会を終わります。ありがとうございました。

※カッコ内の時間は一例であり，実際には，学級担任と子どもたちで適宜決める。

「Do（実施）」は，Plan（計画）で考えたスマイル・アクションの実行である。スマイル・アクションには，毎日取り組むもの，毎時間取り組むものなど，様々な活動内容がある（表3）。

表3　学級力を高めるスマイル・アクションの機能別分類

カテゴリー	ねらいと特徴	アクションの項目例
1．掲示系	目標や決意，標語，学級力レーダーチャートなどを教室内に掲示し，子どもたち一人ひとりの学級力向上についての意識を高める。	○学級憲法や学級決意を作成して，教室内に掲示する。 ○今月の学級力のめあてを短冊に書いて掲示する。 ○学級力コーナーに最新のレーダーチャートを掲示する。 ○学級力標語を一人ひとりつくって貼り出す。
2．記録系	スマイル・アクションの実践結果を定期的に記録させ，実践へ向けての意欲を高める。	○教室後方に，「今日のMVPさん」を書き出す。 ○「自分プロジェクト」で実行したことをグラフにする。 ○「学級力の木」に，できたことをカードに書いて貼る。
3．ほめほめ系	スマイル・アクションの実践に積極的に取り組んだ人を認め合うことにより，認め合う心を育て，実践の意欲化につなげる。	○教室後方に，一人ひとりのほめほめカードを貼る。 ○帰りの会で，「今日のMVPさん」にみんなで拍手する。 ○学級力ワークシートに，友だちからのカードを貼る。
4．サイン系	課題のある行動に対して友だちや自分にサインを送り合うことにより，改善への積極性を生み出す。	○おしゃべりがうるさくなったら，グーのサインを出す。 ○椅子シーソーをしていたら，パーのサインを出す。 ○机の左上に，自分へのメッセージを貼り付けておく。
5．ポイント系	スマイル・アクションを目標通りに実践できた時，ポイントを貯めることで実践への意欲を高める。	○目標通りに取組ができた時にポイントをもらう。 ○ポイントが基準を超えた時，約束のご褒美をもらう。 ○ポイントの基準やご褒美の内容をみんなで決める。

6. 体験系	学級力を高めるための効果的な体験活動や，ワークショップを主体的に実践し，さらなる学級力の向上を図る。	○学級力を高めるお楽しみ会や学級祭を企画・実施する。 ○怒りを沈めるワークショップを体験する。 ○仲間づくりのワークショップを体験する。 ○クラスで団結して，ボランティアを実践する。
7. 行事系	学級力の高めたい項目と行事の目標とを関わらせて，意欲化へつなげる。	○学年・学校行事を成功させるめあてを，高めたい項目として立てて頑張る。 ○行事のめあてを決めて，バナーに書いて掲示する。
8. ものづくり系	学級力新聞の発行や，学級ソング，アートポスターの制作を通して，多様なスマイル・アクションの推進への意識を高める。	○学級力係が中心となり，学級力新聞を発行する。 ○一人ひとりで，学級力はがき新聞を定期的に発行する。 ○ペーパーピラミッドづくりなどを班で体験する。 ○学級力の歌や俳句，短歌，詩などをつくって味わう。 ○学級力アートポスターを制作して，教室内に貼る。 ○学級力壁新聞を制作して，廊下に貼る。
9. 話し合い系	スマイルタイムにおける話し合いや，道徳の時間で学級力の大切さを深く考えさせ，合意形成を図りながら学級力向上への意識を持たせる。	○スマイルタイムで，学級力アンケートを行う。 ○スマイルタイムで，レーダーチャートの診断をする。 ○学級力を高めるアクションを決めるための会議を開く。 ○道徳の時間に，学級力の大切さについて深く考える。
10. お祝い系	学級力向上の目標が達成したことを学級全員でお祝いすることにより，学級力向上プロジェクトの達成感を味わわせる。	○目標を達成した時，給食の牛乳で乾杯する。 ○今月の目標が達成できた時，くす玉を割る。 ○学級力向上発表会を開いて，成果発表を行う。

※アクションの項目例を参考に，デジタル機器を活用することも可能である。
出典：田中博之（編著）『学級力向上プロジェクト』金子書房，2013

スマイル・アクションを進める際には，学級力レーダーチャートを意識して，子どもをほめたり，注意点に気づかせたりすることがポイントである。子どものよい姿を学級力の項目と関連付けてほめることで，子どもは，自分たちが考えたスマイル・アクションの実行に確かな手応えを感じていく。表3で紹介したスマイル・アクションの他にも，複数のスマイルカードやアクションカードのデータを，ダウンロード資料に収録しているので参照していただきたい。

　「Check（評価）」では，主に，子どもが考えたスマイル・アクションの見直しを行ったり，第2回目の学級力アンケート結果に基づく評価を行ったりする。この時に大切なことは，子どもから出たスマイル・アクションを認めつつ，着目した項目を高めるために，どのような工夫が必要なのかを改めて考えさせることである。また，子どもたちが考えたスマイル・アクションを否定しないことも心がけたい。活動として十分に成立しなかったり，継続するかどうかが心配なスマイル・アクションが提案されたりした場合には，そのスマイル・アクションを尊重しつつ，学級担任から代案を出すとよい。

　「Action（改善，アイディアの実行と振り返り）」では，見直しをした新たなスマイル・アクションを決定し，実行する。スマイル・アクションの最終決定は，子どもたちに任せることが大切である。どのスマイル・アクションを選択した場合でも，高めたい項目に近づく取組になっていることを十分に確認することがポイントである。

4 学級力向上プロジェクトの実践事例

　それでは，ある学級の具体的な事例を1つ紹介する（図5〜6）。
　1回目のCheck後，子どもたちは「実行する」項目を高めたい気持ちになり，「お楽しみ会をやってみよう」というスマイル・アクションを決定した（図5）。お楽しみ会後，アンケートを行い，レーダーチャートを

作成した。すると,「互いに助け合う」項目が下がったことに気づいた。子どもたちは,お楽しみ会自体は盛り上がったものの,互いに助け合う姿が少なかったことを振り返った。そこで,「自分たちの力でやろう」という目標を決め,再度お楽しみ会を行った。

　自分たちの力でお楽しみ会を行った後,3回目のアンケートを行い,レーダーチャートを作成した(図6)。その結果,「友達と仲良くする」項目に変化が見られなかったことに着目した。子どもたちは,自分たちの学級のみならず,「隣の学級とも仲良くしよう」という新たな目標を決め,隣の学級の子どもたちにも参加してもらうお楽しみ会(拡大版お楽

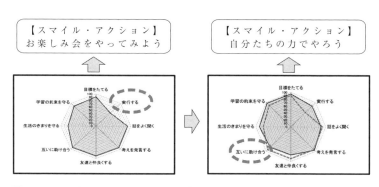

図5　1～2回目のR-PDCAサイクル

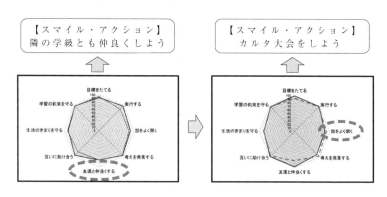

図6　3～4回目のR-PDCAサイクル

しみ会）を企画・実行した。その後，4回目のアンケートを行い，レーダーチャートを作成した。すると，「話をよく聞く」項目が下がったことが気になり，話をよく聞くトレーニングも兼ねて，「カルタ大会をしよう」というスマイル・アクションを決定した。子どもたちのスマイル・アクションを大切にしたR-PDCAサイクルは，「子どもによる，子どものための学級づくり」の第1歩につながる。学級力向上プロジェクトを行うことで，主体的・協働的な学級づくりへと進み，いじめのない，笑顔と拍手があふれ，活気ある学級へ成長するのである。

5 スマイルタイムの意義と進め方

　学級力向上プロジェクトの中心となる学習が，スマイルタイムである。スマイルタイムは，主に，小学校学習指導要領（平成29年告示）特別活動編の学級活動「(1)学級や学校における生活づくりへの参画」と，「(2)日常の生活や学習への適応と自己の成長及び健康安全」のア・イ，総合的な学習の時間の目標「(2)実社会や実生活の中から問いを見いだし，自分で課題を立て，情報を集め，整理・分析して，まとめ・表現することができるようにする」ことと極めて強く関連している[2)]。各学級では，レーダーチャートの状態に応じて，独自の取組を考案していくことにより，特別活動や総合的な学習の時間の目標や内容を充実させることにつながっていく。具体的には，小学校及び中学校では，年間6〜10時間程度をあてて，定期的に実施することを推奨したい。また，大きな学校・学年行事で学級力が急に高まることがある。そこで，各種行事の後に学級力アンケートを実施して，スマイルタイムを行うことも効果的である。

　スマイルタイムにおける話し合いの手順は，以下の4点である。

①　話し合いのめあてと議題を確認する。

②　【出し合う】学級力の高い領域・項目及び，低い領域・項目を見つけ出し，それぞれの原因（良かったことや良くなかったこと）と背

011

景（なぜ，良かったのか。なぜ，良くなかったのか）を反省・分析する。

・学級力のレーダーチャートを見ながら，自分たちの学級力の状況を，個人または3～4人のグループ，学級全体など，様々な形態で診断する。

・複数回のアンケート結果を重ね書きしたレーダーチャートを用いて，自分たちの学級力の変化や成長の様子などを診断する。特に，学級力が高まった領域・項目については，成長した結果をお互いにほめ合ったり，認め合ったりする。

③ 【比べ合う】高めたい学級力の領域・項目を選択し，その理由や根拠を話し合う。その際，高めたい学級力が高まった具体的な姿を明確にしつつ，話し合うことが大切である。たとえば，「きまりを守る力」の学習の項目を高めたい場合，「先生が集中して書きましょう，と言ったら，黙って取り組む姿」「無駄なおしゃべりをしていた友だちが，他の友だちに注意されて素直に直す姿」などのように各領域・項目の具体的な姿を明らかにしながら話し合う。

④ 【選択・決定する】高めたい学級力の領域・項目を改善するためのスマイル・アクションを複数考え，その中から自分たちでできそうなことや取り組みたいスマイル・アクションを決定する。

意見を出し合わせ，話し合いを進める中で留意したい点は，以下の通りである。

○表2のような司会原稿を用意し，子どもが司会すること
○無理に意見をまとめないこと
○活動は必ずしも1つに絞る必要はないこと
○課題について話す時は，友だちの名前は出さないこと
○教員と子どもとのやりとりの中で方向性を定めていくこと

教員は，常に「実現の見通しが立つ活動か」という点と，「全員が納得できる話し合いが展開されているか」という点を大切にしてほしい。特に，子どもたちが自分たちで司会ができるようになるまでは，子ども同士の話し合いのファシリテーターを担う必要がある。

　スマイルタイムで大切にしてほしいことがある。それは，魔法のルールとはがき新聞である。

① 魔法のルール

　魔法のルールとは，「全員が話をする（意見を述べる）」「友だちを否定しない」という話し合う上で大事にしたい2つのルールのことである。教員は，スマイルタイムを行う際，魔法のルールを提示した上で話し合いに参加させることを大切にしてほしい。

② はがき新聞

　はがき新聞とは，はがきサイズの用紙である。子どもたちが，ミニ新聞形式で個々の思いや考えをはがき新聞に綴っていく。

　子どもたちの学習意欲をかき立てる特徴を持つはがき新聞は，学級力のレーダーチャートを提示しながら，「レーダーチャートを見て，自分の思ったことや考えを書きなさい」などの指示をして実施する。子どもたちは，レーダーチャートの各項目・領域の低い結果や高い結果に着目し，その理由や改善すべき点を書く。図7は，中学校2年生のはがき新聞である。

　はがき新聞を書かせる際には，まずスマイルタイムで診断・分析を終えた後，学級会で話し合ったことを振り返らせる。次に，子どもたちには，カードや短冊などに自分の気づきや思い，願いなどを自由に書かせる。その後，自由に書き出した内容を基に，はがき新聞に取り組ませるとスムーズである。はがき新聞には，多種多様な大きさや形があるので，子どもや生徒の実態に応じて，様々なはがき新聞を活用するとよい。

　一人ひとり人が書いたはがき新聞には，アンケートの数値結果では十分に見えてこない子どもたちの「心の声」が反映されている。学級担任は，全員のはがき新聞を学級内に掲示したり，全員で見せ合う交流の時

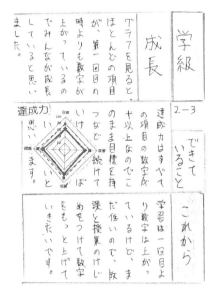

図7 はがき新聞を活用した事例

間を設定したりすることで，レーダーチャートの結果や取組への主体性を喚起したり，一人ひとりの思いや願い，個性を大切にして認め合ったりする姿勢を可能にする。はがき新聞は，公益財団法人理想教育財団（https://www.riso-ef.or.jp）より無料で取り寄せることが可能である。読者の方々には，はがき新聞を取り寄せて，様々な場面で活用することをお薦めしたい。

引用文献

1) 田中博之（監修），磯部征尊・伊藤大輔（編著），武田弦（漫画）『マンガで学ぼう！ アクティブ・ラーニングの学級づくり：クラスが変わる学級力向上プロジェクト』金子書房，2017
2) 文部科学省「小学校学習指導要領（平成29年告示）解説 特別活動編」2017

参考文献

1) 田中博之（編著）『学級力向上プロジェクト3：スマイルアクション事例集 小・中学校編』金子書房，2016
2) 田中博之・森山卓郎（監修），今宮信吾・蛯谷みさ・彦田泰輔（編著）『「書けない」から「あっ 書けた！」へ子どもが変わる はがき新聞のすすめ：小・中学校の実践』ミズノ兎ブックス，2024

（磯部　征尊）

第**2**章

1人1台
タブレットで
子どもが
主役の
学級づくりを！

1人1台端末のさらなる活用に向けて，教育データの活用が，新しい教育価値の創出に向けた目標として掲げられている[1]。つまり，各学校において教育データの活用が求められている。教育データを活用することの特徴を3点示す。
　① 状況を数値やグラフで客観的に見える化できる
　② 「勘」や「経験」をデータにより客観的に分析し，一般化できる
　③ 量的・質的データの組み合わせで効果的な指導が期待できる
　ここでは，集団としての学級を高めるために教育データとして学級力アンケートを用いる取組を紹介する。

1 学級力アンケートの作成と実施

　学級力アンケートは，児童生徒一人ひとりが自身の学級に関する設問に回答することで，学級集団の総意を基に，学級の現状を把握することを目的としている。アンケートの質問項目は，学級力を構成する「目標をやりとげる力」「自律する力」「話をつなげる力」「友だちを支える力」「安心を生む力」「きまりを守る力」の6領域（低学年は「自律する力」が無く，5領域）に関する4件法の設問と，自由記述の設問（中学校版のみ）から構成されている。

　学級力アンケートは元々紙媒体で実施されてきたが，最近では児童生徒1人1台端末を活用した電子版のアンケートが実施されつつある。電子版のアンケートは，無料のアンケート作成ツール（GoogleフォームやMicrosoft Forms）を用いて作成できる。電子版アンケートを用いることで，教員の負担が大きかったアンケート結果の転記や集計に関するデータ処理の手間を減らすことができる。

　ここではGoogleフォームでの作成方法を説明する。まず，Googleフォームのサイトに接続し，【新しいフォームの作成】から質問項目を作成する。最初に出席番号の記入欄を設問として作成しておくと，回答の

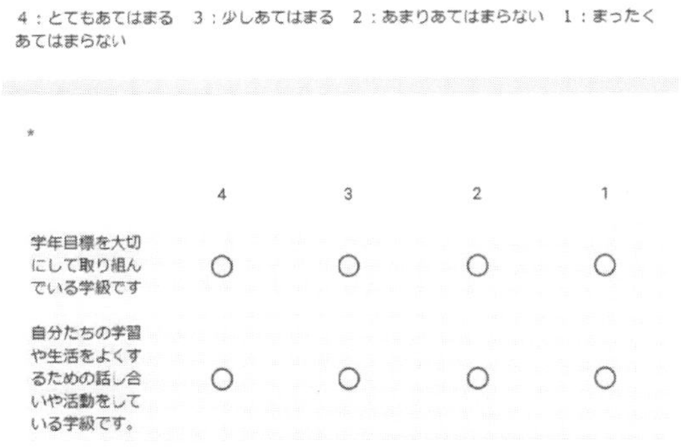

4：とてもあてはまる　3：少しあてはまる　2：あまりあてはまらない　1：まったくあてはまらない

＊

	4	3	2	1
学年目標を大切にして取り組んでいる学級です	○	○	○	○
自分たちの学習や生活をよくするための話し合いや活動をしている学級です。	○	○	○	○

図1　学級力アンケートの回答画面

収集時に回答者を把握できる（メールアドレスの収集によって回答者を把握する方法もあるため，この限りではない）。

　4件法による設問は，質問の形式を【選択式（グリッド）】にし，行欄に質問，列欄に選択肢を入力すると，図1のように作成できる。自由記述については，【記述式】にし，質問を入力して作成する。なお，各設問の具体例は公益財団法人理想教育財団ウェブサイトにある「学級力向上プロジェクト」（https://www.riso-ef.or.jp/classroom-competency_top.html）を参照されたい。

　アンケート作成後は，【送信】を押してリンクを選択する。リンクを選択すると専用リンクが取得でき，専用リンクをコピーし，Google Classroom や Microsoft Teams などの学習管理システムに貼り付けて児童生徒に提示することができる。これ以外にも，QRコード変換サービス（URLを貼り付けることにより自動でQRを作成できる無料サイト）でQRコードに変換し，ワークシートなどに貼り付けて印刷・配布する方法がある（詳細は，163ページの河村敏文教諭の実践事例を参照されたい）。

　なお，学級力アンケートは学級の現状の姿をもとにありたい姿に近づけるための診断的ツールであることから，学校内で教員が設定した時間内に実施することが望ましい。また，児童生徒に「学級のみんなが集団

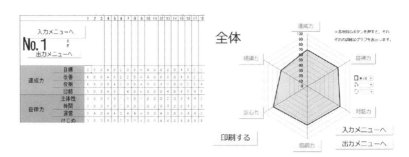

図2 (左) 集計画面・(右) 結果表示画面

としてどのような状態（姿）なのか」を問いかけて回答させることが大切である。

2 アンケートの結果と数値データのグラフ表示

　児童生徒への学級力アンケートを実施後，集約された回答データは教員のGoogleアカウントで作成したアンケート画面の【回答】を押すことで表示される。ここでは，集計ソフトである「学級力レーダーチャート・学級力プロット図作成ソフト」を用いる。このソフトは，本書冒頭に掲載した金子書房のウェブサイトから無償でダウンロードできるExcel形式のファイルである。

　始めに，【回答】にある【スプレッドシートにリンク】を押して，スプレッドシートに出力された回答一覧を表示させる。

　次に，「学級力レーダーチャート・学級力プロット図作成ソフト」を起動する。起動時にボタン表示される【編集を有効にする】【コンテンツの有効化】を選択し，それぞれ有効にする。ソフトには，【メニュー】があり，メニュー画面から各項目ボタンを押して，アンケート結果の入力・出力を行う。

　最後に，【メニュー】から第1回のアンケート入力画面を表示し，先ほ

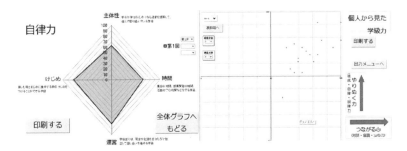

図3 (左)自律力の結果・(右)学級力プロット図の出力

ど表示したスプレッドシートから回答データをコピーして，図2（左）のようにデータを貼り付ける。入力後，メニューのレーダーチャート表示ボタンを押すことで図2（右）のように出力できる。第2回以降のアンケート結果も同様に貼り付けることでデータを蓄積することができる。

　集計結果を見る際には，始めに図2（右）の【全体】グラフを見るとよい。中学校版の場合「達成力」「自律力」「対話力」「協調力」「安心力」「規律力」の6項目がレーダーチャートによって表示される。グラフを見る際は，グラフ全体が大きいか小さいかではなく，グラフの凹凸を見ることが大切である。図2（右）の場合,「規律力」が他の項目に比べて低く表示されている。一方,「安心力」が高く表示されている。この結果からは，児童生徒が集団として主体的に学校のきまりを守ることや，授業中の私語をなくすことに課題がある学級と考えられる。一方，よい状況として児童生徒が仲間を尊重し，分け隔てなく安心して関わることができる学級であることが考えられる。このようにグラフの凹凸を見ることで，学級の問題ばかりに注目せず，よい部分も同時に見ることができる。

　各領域の結果は，図3（左）のように詳細に表示することができる。全体グラフにある自律力の項目は,「主体性」や「けじめ」などの質問項目と対応している。同グラフの場合，児童生徒が自律力について「学年や学校のためになる活動を提案して，進んで取り組んでいる学級」に課題意識を持っていると分析できる。このように，予め教師が結果を読み

取ってから，児童生徒にレーダーチャートを基に学級の問題点や課題を考えさせ，児童生徒と教師との意識のズレを考えることが大切である。

また，「学級力レーダーチャート・学級力プロット図作成ソフト」にあるプロット図シートを選択すると，児童生徒個人の学級に対する意識が，図3（右）のように「学級力プロット図」として表示される。学級力プロット図は，縦軸の「やりぬく力」と，横軸の「つながる心」の2軸によって構成されており，グラフの右上に点があるほど，児童生徒個人が「やり抜く力」と「つながる心」に関して肯定的に学級を見ていると判断できる。学級力プロット図を使うことで，教員が児童生徒個人の学級への意識を診断的に把握することができ，学級に対して消極的な児童生徒を早期に発見できると考える。ただし，学級力プロット図は，児童生徒個人の状況が点で表示されることから，児童生徒に見せず，教員が個々の児童生徒を把握するために活用されたい。

実践の際には，予め教員が結果を読み取り，学級に対する児童生徒と教員との意識のズレを考えることが大切である。

3 自由記述による意見を可視化するテキストマイニング

質的データである自由記述は，テキストマイニング手法によって分析することで，児童生徒の各記述内容をまとめて可視化することができる。

始めに，スプレッドシートに集約されている自由記述での回答結果を表示し，図4（左）のように学級のよいところもしくは学級の課題のどちらか一方についての児童生徒の記述をすべてコピーする。

次に，インターネットでユーザローカル社のAIテキストマイニング[2]にアクセスする。トップ画面でフォーム欄にコピーした記述を貼り付け，【ワードクラウドを作成】をクリックする。すると，図4（右）のように単語の頻出度を文字の大きさや位置で表すワードクラウドが表示される。なお，小学生版の学級力アンケートには，自由記述欄は設けら

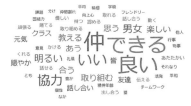

図4 (左) スプレッドシート・(右) フォームへの入力

れていないが，記述式の質的データを組み合わせることで，より客観的に学級の状態を把握することが期待できる。

4 児童生徒へのアンケート結果の開示とスマイルタイム

アンケート結果は，より良い学級に向けた具体的な取組を児童生徒同士の話し合いで決める「スマイルタイム」に用いる。予め，Google Classroomやロイロノートなどの授業支援ツールを通じて，レーダーチャートやテキストマイニングの結果をデータ配布しておくことで，児童生徒が全体のグラフや詳細なグラフなどを，各自の情報端末から自由に見比べることができ，様々な気づきを得ることができる。

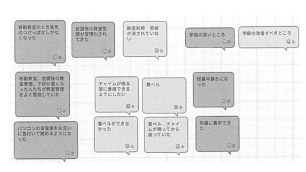

図5 「スマイルタイム」における端末を活用した意見の表出
＊上記の図に使用したGoogle Jamboardは2024年12月末にサポート期間の終了がアナウンスされている

ここでは，教員が自身の思いばかりを一方的に話すのではなく，児童生徒にデータをありのままに見せ，学級のよいところと改善すべきところを真剣に話し合わせることを大切にしたい。教員が傾聴する姿勢を大切にすることで，教員と児童生徒との思いのズレを確認できる。

　また，教員の思いは話し合いの後半で伝え，前半は児童生徒に悩んでいることや，困っていることを話し合わせることに注視してほしい。その際，複数の意見を一斉に可視化できるオンラインツール（たとえば，ふきだしくん[3]）を利用することで，図5に示すように，児童生徒同士で多様な意見を共有することができる。

5 データを活用する際の留意点

　レーダーチャートやワードクラウドにより，データを強調して特徴を読み取ることが容易になる一方で，示されているデータの背景や文脈に気づけないまま表面的な解釈に陥ることに注意が必要である。そのため，児童生徒には他学級の結果と比較させず，学級の具体的な現状を日常感じている様子と分析結果を照らし合わせて考えさせたい。

　レーダーチャートの面積は大きければ学級がよい状態であるとも限らない。むしろ，何度も繰り返し行うことで，児童生徒が取組を自分事として捉え，自分の学級をより厳密に評価するようになることで，結果が悪くなることも考えられる。大切なことは，データをもとに学級が具体的にどのような状態であり，学級目標に込められたよりよい学級に近づくためになにが必要かを繰り返し話し合わせることである。本書もこの点に留意してお読みいただきたい。

参考文献

1）　文部科学省「教育データの利活用に関する有識者会議論点整理（中間まとめ）」2021，https://www.mext.go.jp/b_menu/shingi/chousa/shotou/158/mext_00001.html

2）　「AIテキストマイニング」ユーザローカル，https://textmining.userlocal.jp/

3）　「ふきだしくん」株式会社ティーファブワークス，https://477.jp/

（向田　識弘）

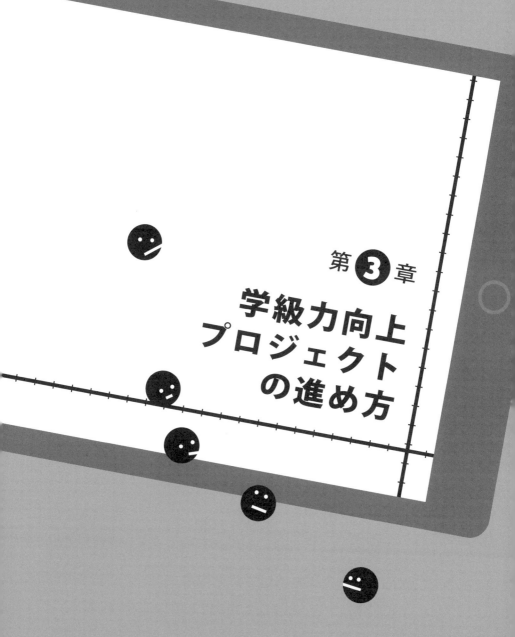

第3章 学級力向上プロジェクトの進め方

1 学級力の利点と教師の役割

「仲間意識を高めるために,なにか取組はできないかな」
「運動会までに,応援ソングを作って心を1つにするのはどうかな」

10月,私が担任した6年生では,よりよい学級を目指して,主体的に活動する児童の姿が見られた。このような姿を引き出すことができることが,学級力向上プロジェクトを活用する最大の利点である。そして,日々高まっていく「自分たちでよりよくしていこう」「認め合い,助け合おう」などといった自治的・支持的な風土を感じながら,児童の伴走者となることが,教師としての重要な役割となる。

本章では,学級力向上プロジェクトの進め方について,大切なポイントを交えながら紹介したい。

2 基本的な流れと各ステップの進め方

① 基本的な流れ

学級力向上プロジェクトは,学級力アンケートで実態調査を行い,結果をレーダーチャートで子どもたちに可視化し,学級の状況を診断することから始まる。これをR(診断)として,R-PDCAサイクルに沿って,課題解決的な活動を繰り返す。そうすることによって,学級力が向上し,よりよい学級の実現に近付いていくのである。アンケートやレーダーチャート作成ソフトは,右のQRコードからダウンロード可能である。ぜひ活用していただきたい。

小学校を例として,各ステップの内容と児童の思考は以下のようになる(表1)。

表1　学級力向上プロジェクトの流れと児童の思考

	内　容	児童の思考（例）
R （診断）	・学級力アンケートを実施する。 ・レーダーチャートから学級の状況を診断する。	・学級の状態を知りたいな。 ・私たちの学級は，支え合いが高いからもっと伸ばせるといいな。 ・意外に模範が低いから改善したいな。
P （計画）	・学級力を高めるスマイル・アクションと評価方法を考える。	・模範を高めるために，朝の挨拶や廊下の歩き方を意識するのはどうだろう。 ・実行する期間は，2週間くらいがいいと思うけど，どうかな。 ・模範を意識することができたかは，毎日，◎○△で自分の行動をチェックして，1週間ごとに，学級としての成果と課題をチェックしよう。
D （実行）	・授業中，休み時間などで，スマイル・アクションを実行する。	・みんなで挨拶をしに行こう。 ・他の項目を高めるために活動しているグループも頑張っているな。
C （評価）	・学級力アンケートを実施する。 ・プロジェクトを振り返り，成果と課題を明らかにし，改善策を考える。	・模範が高まっている。頑張った成果が出てよかった。 ・時間の項目が下がっているな。次は，時間の項目を高めるためのスマイル・アクションを学級で考えよう。
A （改善）	・学級力のさらなる向上を目指して，振り返りで見直した内容を含むスマイル・アクションを実行する。	・模範の取り組む内容を改善して，さらに高めよう。新しさや素直が下がっているから，新たな活動を話し合って決めよう。

② 各ステップの進め方

　具体的な進め方について，児童が主体的に活動できるようにするためのポイントを交えながら述べていく。

（1）R（診断）

　ここでは，学級目標と学級力アンケートを関連させるとともに，ICTを活用した進め方を紹介する。

　はじめに，学級目標を達成するために大切にしたいキーワードについて，児童から考えを収集する。その際，図1のようなアンケートフォー

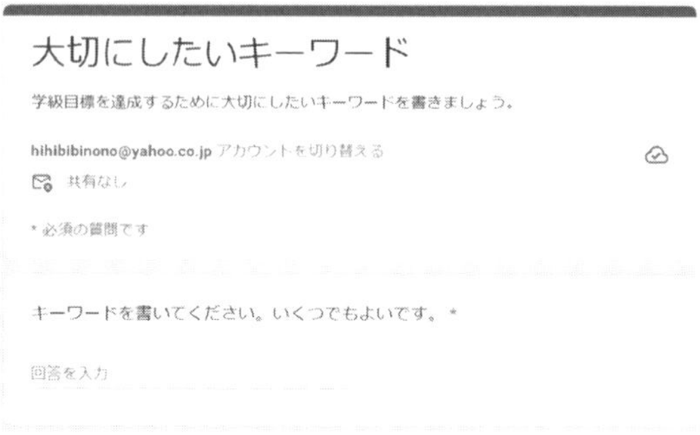

図1　アンケートフォームの例

図2　テキストマイニングの結果を基に話し合った際の板書

ム（Googleフォームなど）を作成すると，効率的に収集できる。次に，収集したキーワードについてテキストマイニング（https://textmining.userlocal.jp/）を活用して視覚化する（方法は20ページ参照）。その後，図2のように，板書を活用して話し合いを進めると，大切にしたいキーワードを効率的に決定することができる。話し合いの中で，キーワードに対するイメージをより具体的にするために，「協力できる学級の姿は，どのような姿ですか」などと，児童の発言に対して問い返しを丁寧に行うことが重要となる。

　実際に，本学級では，子どもたちの意見やアイディアを活かして自作した学級力アンケートは，図3のようになった（なお実践の基本は，まず本書で提供されている学級力アンケートを活用することであるが，本章4節に示したように子どもたちが成長してくれば自作も効果的である）。

4：とてもあてはまる　3：少しあてはまる　2：あまりあてはまらない　1：まったくあてはまらない

挑戦	目標に向かって自分から進んで取り組んだり，最後まであきらめずにがんばったりできる学級です。	4　3　2　1
協力	活動したり，話し合ったりするときに，仲間と気持ちをあわせて，助け合ったり支え合ったりゆずりあったりすることができる学級です。	4　3　2　1
仲間	仲間のことを考えてすごし，元気がよく，笑顔があふれる学級です。	4　3　2　1
メリハリ	授業と休み時間の区別をして，学ぶときと遊ぶときのメリハリをつけて生活できる学級です。	4　3　2　1
ING	互いの気持ちを考えて生活し，言葉づかいに気をつけたり，仲間はずれをしたりしないなど，いじめがない状態を続け，もし，いじめが起きたときは，その解決に向けて，がんばり成長することができる学級です。	4　3　2　1

図3　作成した学級力アンケート

　その後，アンケート結果を示した学級力レーダーチャートから学級の状況を診断する。その際，長所や短所，予想外の結果など様々な視点で読み取ることや，結果に対する気持ちや思いを表現することができるように学級担任が促すとよい。

R（診断）のポイント（ICTを活用する場合）

- ・ICTを活用した大切にしたいキーワードの決定
- ・キーワードに対するイメージを具体化したアンケート作成
- ・レーダーチャートから，児童が長所や短所，気持ちや思いの表現

(2) P（計画）

　Pでは，Rで高まった学級力向上に対する児童の思いを基に，スマイル・アクションを考えることができるようにする。以下に示す方法を一例として，児童の実態や担任の力量に応じて，場を設定するとよいだろう（図4）。ここでは，児童がよりよい学級にするために，主体的に活動する姿を目指すという観点で，活動のレベルを1～3に分けて考えることにした。たとえば，レベル2の場合には，運動会の練習で，「仲間」を高めるために，「声を掛け合いタイム・ほめほめタイムをつくろう」のよ

活動のレベル	方法	児童の主体性
1	学級全体で同じ項目に注目し，スマイル・アクションを話し合う。	★
2	生活班や行事におけるチーム（例：運動会の紅白）ごとに，高めたい項目を決め，スマイル・アクションを話し合う。	★★
3	高めたい項目が同じ児童で集まり，スマイル・アクションを話し合う。	★★★

図4　活動方法の一例

```
スマイル・アクション計画シート　名前（　　　　）
高めたい力は？
どんなスマイルアクション？

いつ？
どこで？

必要な道具は？
```

図5　ワークシート

うなスマイル・アクションが出された。

　スマイル・アクションを話し合う際は，高めたい力や活動の内容，時間，場所，必要な道具などを記入することができるワークシート（図5）やホワイトボードなどを準備するとよい。教師は，計画の進捗具合を把握しながら，計画がより具体的になるように声掛けを行う。また，「アドバイスタイム」を設け，お互いに考えた計画を見せ合い，アドバイスし合わせる。このように，よりよい計画にしようとする協働場面が生まれるようにするのも効果的である。

　あくまで子ども主体の学級力向上プロジェクトでは，スマイル・アクションは子どもたちに考えさせるのが基本である。また，子どもたちの話し合いを助けるアクションカードも利用できる。しかし，経験を十分に積んでいない児童にとって，有効なスマイル・アクションを考えることは，簡単なことではない。だからこそ，本書籍の実践事例を参考にして，児童の実態に合うスマイル・アクションを教師が複数提示することも，一つの手段として取り入れていただきたい。

P（計画）のポイント

・学級力向上に対する児童の思いを基に，スマイル・アクションを計画
・計画を具体的にする声掛けや協働場面が生まれるようにする
・児童の実態に合うスマイル・アクションを提示するのも一つの手段

（3）D（実行）

　Dでは，すべてのチームの活動に，担任を含めた学級全員で取り組み，笑顔と拍手があふれる空間を全員で創り出したい。そのような空間を創り出すためには，どのチームがどのような活動をいつ行うのか，あるいは，進捗具合について，タブレットを活用して，計画シートや活動写真，

振り返りの記述を共有できるようにし，共通理解を図ることが重要となる。また，担任が，「どのような力を伸ばすために活動しているのか」と問い，活動の目的を再確認したり，「他のチームも順調に活動できているかな」と声掛けし，集団を意識させたりできるとよい。

D（実行）のポイント

- 笑顔と拍手があふれる空間を，担任を含めた学級全員で創り出す
- 活動の内容や進捗について，共通理解を図ることが重要
- 活動の目的を再確認したり，集団を意識したりできる声掛けを行う

　これらのポイントを踏まえて実践すると，児童は安心して計画を実行することができる。

　児童は，計画を実行する中で，思うように効果が出ないことや，円滑に活動することができない場面に遭遇することがある。そのようなときは，スマイル・アクションを見直す時間を設定することも有効である。

(4) C（評価）

　Cは，「もっと協力を高めたい」「活動を改善してもう一度取り組みたい」などと，学級力向上に向けて，動き出す姿を引き出す重要な活動である。2回目の学級力アンケートを行い，その結果（図6）を基に振り返りを行うとよい。その際，成果や課題，改善策について，たとえば，「個人でワークシートに記述する」「チームで考えを出し合う」「全体で話し合う」などの形態で活動を振り返り，学級の成長を評価する場を設定すると効果的である。また，タブレットを活用して，互いの振り返りを共有することで，「メリハリをもっと高めたいという意見が多い」「○○さんの考えた改善策を実行したい」などと，より質の高い活動につなげることができる。

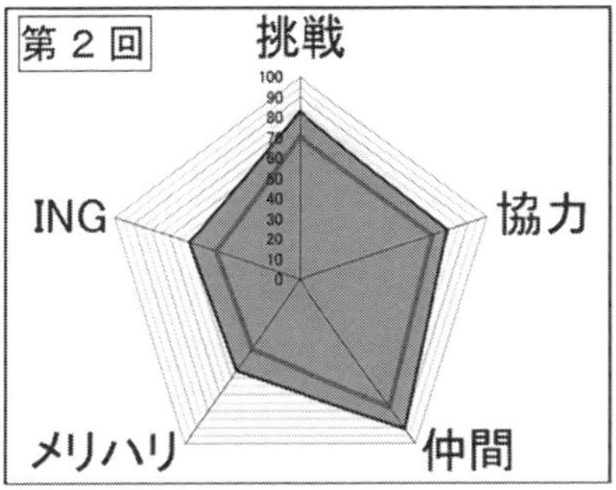

図6　第2回の結果

C（評価）のポイント

・アンケート結果を基に，成果や課題，改善策を振り返り自分たちの成長を評価
・タブレットを活用して，互いの振り返りを共有することも効果的

(5) A（改善）

　Aは，Cで高まった「学級力をもっと高めたい！」という児童の思いを存分に発揮させる場面である。担任は，児童を信じ，試行錯誤しながらスマイル・アクションを考える姿に伴走することが重要である。活動後，結果だけでなく，PDCにおける計画シートや振り返りの記述，ポスターなどの成果物，活動写真などを提示し，取り組んだ過程を価値付けることで，次のサイクルに向けた児童の主体性をより一層引き出したい。

A（改善）のポイント

・試行錯誤しながらスマイル・アクションを考える児童の姿に伴走
・取り組んだ過程を価値付け，児童が次のサイクルへ

3 PやCを行う効果的なタイミング

　「いつアンケートを行えばよいの？」「何回行うのがよいの？」などと，PやCに関する質問があるだろう。以前は，私もその1人だった。ここでは，私が学級力向上プロジェクトの実践を重ねることで見出した効果的なタイミングを，1学期，2学期，3学期に分けて示す。

　まず，1学期についてである。ここでは，よりよい学級を目指そうとする基盤づくりに重点を置きたい。そこで，以下のようなタイミングとワンポイントを考えた（図7）。次に，2学期についてである。ここでは，児童の主体性を引き出すため，教師は，伴走者という意識を高くもつとよい。2学期は，学級に荒れが見られやすくなる時期でもある。そんなときこそ，学級力アンケートを活用してほしい（図8）。最後に，3学期についてである。ここでは，1年間の学級の成長を振り返る場や，

4月
・**1学期の初めに** ⇒ 学級の特色を共通理解し，よりよい学級を目指そうとする基盤作りを始める。学級で同じ目標に向かう素晴らしさを実感できるとよい。

5月
・**運動会に向けて** ⇒ 行事を通して，学級力の向上につなげる。共通の目標をもって取り組む運動会（行事）を，学級が成長するための絶好の場としたい。

6月
・**行事のない期間に** ⇒ 児童が目標をもって生活することが難しいとき，学級力向上プロジェクトは児童が自ら動き出すための原動力となる。児童の実態に応じて，教師がスマイル・アクションの選択肢を提示するのも効果的である。

7月
・**1学期の終わりに** ⇒ 1学期を振り返り，学級の成長を実感するとともに，2学期の目標設定を行うとよい。ここでは，4月のレーダーチャートと比較しながら振り返りができるようにすると効果的である。

図7　1学期における学級力アンケート実施のタイミング

9月
・**9月の初めに** ⇒ 「2学期のよいスタートを切ろう」を合言葉に，目標について話し合う。7月にアンケートを実施している場合は，1学期の振り返りを活かすとよい。

10月
・**行事のない期間に** ⇒ 2学期も1か月が過ぎ，荒れが見られる場合がしばしばある。そんなときこそ，学級力アンケートの結果を基に，スマイル・アクションを考え，学級力の向上を目指すとよい。ここでは，6月の経験を生かして，児童が主体的に活動できるようにしたい。

11月
・**学芸会に向けて** ⇒ 学芸会の練習を通して，どのような学級を目指したいか，または，どのような力を発揮したいかについて話し合う。グループ練習を行う場合は，グループごとに目標設定をさせると，より一層学級力向上への意識が高まる。

12月
・**2学期の終わりに** ⇒ 2学期を振り返り，学級の成長を実感するとともに，3学期の目標設定を行うとよい。ここでは，これまでのレーダーチャートを並べて提示し，変容を捉えながら振り返りができるようにすると効果的である。

図8　2学期における学級力アンケート実施のタイミング

次年度への目標設定の場へとつなげたい（図9）。

　図7～9は一例である。重要なことは，学級の実態に応じて，児童が負担感やマンネリを感じないように担任が実施回数やタイミングを調整することである。なによりも大切なことは，「児童が学級力向上プロジェクトに必要感をもっているか」という観点で，児童が主体的に取り組むことができるタイミングを考えることである。また，いつ学級力アンケートを行い，どんな場面で実行できそうか，児童と担任が一緒に考え，

| 1月 | ・3学期の初めに　⇒　次の学年，または卒業に向けての実現したい理想の学級の姿を語り合う。そして，理想の姿を実現するためのスマイル・アクションについて話し合うとよい。 |

| 2月 | ・行事のない期間に　⇒　学級力を向上させるために，学級活動の時間を活用して，学級（学年）行事を企画・運営するとよい。その際，全体やグループでの目標を立てるようにするとよい。また，児童の主体性が高まるように，教師は伴走者を意識するとよい。 |

| 3月 | ・6年生を送る会に向けて　⇒　ここでは，年間を通して高めてきた学級力を存分に発揮できるように，「学級力をどう生かすか」をテーマに，学級と個人の目標設定を行うとよい。また，送る会の後，学年最後の学級力アンケートを行い，年間の振り返りを行うとよい。 |

図9　3学期における学級力アンケート実施のタイミング

共通理解を図りながら進めることができれば，児童の主体性は，より一層高まるだろう。

4 学級力アンケートを自作する

「2　基本的な流れと各ステップの進め方」で示した学級力アンケートは，学級力の定義に沿って，本学級が自作したものである。そこには，児童の願いや思いが込められていた。だからこそ，よりよい学級を目指して，主体的に活動する姿をより一層引き出すことができたのである。

これまでは，一部の児童の意見だけが取り上げられたり，意見の集約に多くの時間が掛かったりしていたのではないだろうか。本章で紹介した私の実践では，「テキストマイニング」を活用したことで，児童の思いや願いを効率的かつ，効果的に可視化し，本学級オリジナルの学級力アンケートを作成することができた。ぜひ，GIGAスクール構想によって，整えられたICT環境を駆使し，子どもたちの柔軟な発想やアイディアに耳を傾けつつ，その学級独自の学級力アンケートづくりにもチャレンジしていただければと思う。

参考文献

今宮信吾・田中博之（編著）『NEW学級力向上プロジェクト』金子書房，2021

（日比野　浩規）

第 4 章

基本実践編

学級力アンケートで
子どもたちが
学級を評価し改善する

実践事例

必要感をもって よりよい学級をつくる 学級力向上プロジェクト

佐藤　宏　［小学校6年］

はじめに

　よりよい学級づくりを目指す上で，年度はじめに子どもたちと共有するものの一つとして学級目標がある。子どもたちは，学級目標として示した姿を目指して様々な努力をし，その結果，日々の成果や課題を肌で感じながら学級が一歩ずつ成長していく。しかし，目指した姿に対し，今現在，自分たちがどの程度まで成長しているのかを実感するということは容易ではない。もし，自分たちの頑張りや工夫の成果が目に見える形で感じられたら，「もっと頑張ってみたい」「新たな挑戦をしてみたい」などと，主体的な学級づくりへとつながるであろう。そこで，学級力向上プロジェクトに着目した。卒業をひかえた6年生が，自分たちがなりたい姿を目指して取り組んだ実践を紹介する。

1 学級力向上プロジェクトへの必要感

① 教員における必要感の自覚

　学級目標を大切に扱って学級づくりをしてきた12月。「このままでも卒業は迎えられるが，このままでもいいものか？」「子どもの姿は年度初めに目指した姿にどれだけ近づいたのであろうか？」と改めて考えた。

　自己の成長を実感するための取組として，毎日の帰りの会でその日の自分の頑張りを振り返る機会を設けていた。また，毎月，自分の個人目

標を振り返り，来月に向けた新たな方策を練り，学級に掲示していた。

自己の成長を振り返る機会を量的には保障していた。しかし，学級集団に目を向けて成長を振り返る機会は，行事が終わった際に全体で振り返る程度であった。そこで私は，学級集団の成長に視点を向けて継続的に取り組む学級力向上プロジェクトの活用が今こそ必要であると考えた。

② 子どもにおける必要感の自覚

子どもに「今年，自分が成長したことは？」と問うと，「言葉遣いを大切にして生活するようになった」「時間を守って生活できるようになった」など，自己の成長を自覚している姿が多く見られた。しかし，「学級目標の到達度は？」と問うと，子どもによってまちまちであったり，悩んだりする姿が見られた。

そこで，学級力レーダーチャートの一例を紹介した。「このよさは？」と問うと，「頑張りが見やすい」「よさや弱点が分かる」などと口々に答えた。そこで，この方法を生かして卒業までに学級のよさを伸ばしてはどうだろうと提案した。子どもからは「取り組みたい」という声が多く，学級力向上プロジェクトを開始した。

ここで気をつけたことは，教員のみの必要感で取り組まないということである。学級力レーダーチャートが成長の可視化の点でどんなに優れていても，子どもに必要感がなければ，活動が形骸化し，子どもの満足感につながらない。つまり，教員と子どもの双方の必要感が合致した上で取り組むことが大切である。私は，これまで続けてきた帰りの会や，毎月の振り返りの価値にも気づかせつつ，新たな取組にも意欲をもたせた。

2 学級力レーダーチャートの項目に価値をもたせる

① 問題意識をもとにした学級力アンケートの項目づくり

学級力レーダーチャートの項目設定には，特に慎重に取り組んだ。な

ぜなら，学級力レーダーチャートは長いスパンで繰り返し活用するため，その項目が子どもの実態や必要感に合っていなければ，活動の効果が薄れてしまうためである。まずは，学級力レーダーチャートの基となる「学級力アンケートの項目としてなにが適切か」を考えた。そのために，学級のよさと課題を捉える振り返りメモを活用した（図1）。これは，朝学習の時間に行った。この振り返りにある課題を担任が集計し，それを基に学級力アンケートの項目を12個に精選した（図2）。

② 学級目標との関連付け

アンケートの12項目は，以下の4つのカテゴリーに分類し，学級目標にある「心・学・体」の3観点と関連付けた（図3）。

（1）授業に向かう力【学】
（2）運動に向かう力【体】
（3）友達と向き合う力【心】
（4）よりよい生活に向かう力
　　　【心・学・体】

これは，学級力レーダーチャートへの取組をこれまでの学級づくりと全く別の取組としないため

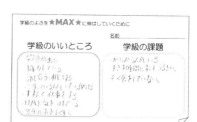

図1　振り返りメモ

図2　精選したアンケート項目

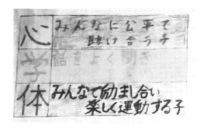

図3　学級目標の3観点

ある。あくまで、学級力レーダーチャートは、今まで行ってきた学級づくりの取組の結果を可視化し、子ども主体の活動を促すツールであると捉える。子どもは、「どの項目も今の学級に必要だと思う」「少しでも数字を上げて卒業したい」などと、アンケート項目に必要感を感じている様子が見られた。

3 個と集団の両面から成長を目指す取組

① 第1回学級力アンケート（12月）

　子どもたちは、12月の学級活動で学級力アンケートの集計結果を見てスマイルタイムを行った。子どもからは、「めりはりが必要」「友だちへの思いやりを高めたい」「集中して勉強する中学生になりたい」などの声が挙がった（図4）。

　学級力レーダーチャートを基にして学級の振り返りの話し合いを進めると、自分たちの成果と課題に関する意見の内容が具体的であることが分かった。これは、3観点の学級目標を基にして学級を振り返った前期末（9月）の話し合いにはあまり見られなかった光景である。

　また、項目を子どもの意見から精選したこともあり、多くの子が振り返りに積極的に参加・意見していたことも印象的である。

　卒業プロジェクトとして取り組んだこともあり、子どもの多くは、「卒業までの短い時間で、少しでも課題点を直す」という短所の克服に目が向きがちであった。その視点も大切だが、「それと同じくらい自分たちが頑張ってきた強みに自信をもってほしい」という長所の伸長へ

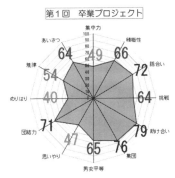

図4　第1回学級力レーダーチャート

の視点ももたせた。それにより，子どもの「授業中に誰とでも話し合えることをこのまま大切にしていきたい」という新たな気づきにつながった。

② 個と集団に関する重点課題の設定

次に，学級力レーダーチャートの結果を見て，学級としてどの項目をより伸ばすべきかについて話し合った。ここで集団決定したものを「学級重点課題」とした。また，それとは別に，自分はどの項目を伸ばしていきたいか（個々が意思決定したもの）を「個人重点課題」とした。今回の学級重点課題は特に数字の低かった「めりはり」に決まった。これを学級全員が特に意識して卒業まで生活をすることとした。個人重点課題は個々で決めるが，数字の低かった項目の1つ「集中力」に設定する子どもが多かった。この双方の重点課題を意識して生活することで，個と集団の成長が同時に絡み合い，成長の相乗効果をもたらすと考え取り組んだ。

③ スマイル・アクション「帰りの会の振り返りの工夫」

よりよい学級づくりをしていくためのスマイル・アクションとして，新しいことを始めるのではなく，今までの取組を見直し，改良してよりよい自分たちを目指すこととした。

これまでの帰りの会では，毎日の生活のめあてについて挙手で振り返っていた。担任の私にとっては，朝の会で立てた今日の生活目標が何人達成できたかを挙手させることで，量的には成長の様子を見て取れた。しかし，個々の成長の具体的な姿を振り返る面では乏しかった。そこでスマイル・アクションを，今日の自分の頑張りを学級重点課題または，個人重点課題に注目してペア会話で振り返る「今日のMAX」に変更した。

ペア会話による質的振り返りを組み込むことで，学級として得意な話し合いの力を生かしながら，相手の成長を言葉で感じ，称え合う集団へと少しずつ変容していった。

④ 重点課題を意識する子どもの行動へのフィードバック

帰りの会での子ども主体の振り返りの工夫に加え，日常生活の中で個々が学級・個人重点課題を意識して行動している姿が見られた時には，

その姿を認める声かけをした。また、それを帰りの会で担任から子どもに伝えて広げた。これを繰り返すことで、子どもはその重点課題への意識の大切さに気づき、その後も意識した行動をとるようになっていた。

4 自分事として捉えて話し合うこと

① 第2回学級力アンケート（2月）の結果への予想

2か月後、第2回学級力アンケートの結果を今回は朝学習の時間に確認した（図5）。結果を伝える前に、結果を予想する「予想タイム」を設けた。これは、ただ結果を受け入れるのではなく、自分達のこれまでの生活を進んで見つめ直すためである。各項目の変化の予想に根拠をもち、真剣にペアで話し合っていた。

② 自己分析シートの活用

ペアでの話し合い後、実際の結果を見せた。子どもには、第2回のスマイルタイムを迎える前に、今回の変化について意見をまとめる自己分析シートに、自分の考えを書かせた。それは、自分の考えを事前にもたせることで、スマイルタイムでより自分事として意見交流をさせることを期待したからである。実際のシートには、具体的に振り返っている記述が多く見られた（図6）。

スマイルタイムでは、これまでなかなか意見が言えなかった子も自分の学級の在り方について友だちと思いを交わす姿が見られたのは大きな成果である。学級力レーダーチャートに加え、自己分析シートの活用は、どの子も結果を自分事として捉え、発信する姿へとつながるものになっていた。

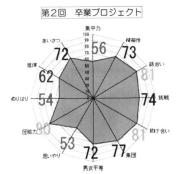

図5　第2回学級力レーダーチャート

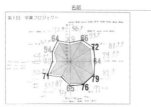

図6 レーダーチャートを生かした自己分析シート

おわりに

　今回設定した学級重点課題の「めりはり」は，学級の大きな成長へ，そして個人重点課題は学級のバランスのよい成長へとつながるものであった。この2つの課題を意識して日常生活を改善し，帰りの会で振り返るというサイクルは，一定の効果があったと言える。そして，このサイクルの結果を下支えしていたのは，目標に向かって頑張る日頃の子どもの姿への教員の声かけと，なによりも，子どもたちの活動への必要感であった。

　「どうすれば子どもが必要感をもって活動に臨むだろうか」。それを意識した活動の先には，きっと幸せな学級が待っているはずである。

　卒業式を目前に控えた3月中頃，子どもたちから「もう1回アンケートをとってクラスの成長を見てもよかったね」「中学生になる前に，自分の目標に向かって頑張れてよかった」など，前向きな声がとても多く聞こえた。12月に比べ，子どもたち自身が学級の成長を願っていた姿が確かに見られたことは大きな成果である。また，卒業式では誰もが真剣に式に臨もうとしていた。これまでの学校行事に向かう姿勢よりも，物事を自分事としてとらえる意識の高まりが感じられた。卒業担任だからこそ，何事にも進んで挑戦しようとする6年生を育て，その姿を下の学年に示すことが重要であると改めて気づいた。担任として，子どもたちの必要感を生み出し，進んで活動に向き合う子どもを育てる意識は，どの学年の担任をしても常に抱いていたいものである。

実践事例

生徒たちが主体的に理想の学級を目指す実践

河村亮太 ［中学校3年］

はじめに

　「卒業の時に，最高の学級・仲間だったと思えるようにしたい」。

　4月初めの学級目標を決める際に，このような発言をした生徒がいた。この言葉に周りの仲間も大きく頷いていた。では，どのような学級になれば卒業時に「最高だった」と思えるのか。この問いに，生徒たちは「明るく楽しい学級」「本音を言い合える学級」「どんな困難にもみんなで支え合える学級」と答えた。このような願いを語る生徒たちとともに歩めることに幸せを感じながらも，どうすればそのような学級をつくっていけるのかを思案した4月のスタートであった。そんな折に，関市で行われた学級活動研修で「学級力向上プロジェクト」に出会った。私は，学級力の向上を学級づくりの中心にすえて，生徒主体の活動を進めることで，理想の学級像を具現化していきたいと考えた。そして，目の前の生徒たちが今後社会で生きていくために必要な人間関係力を育んでいけるようにと願い，学級力向上プロジェクトの実践を進めた。

1 1学期の実践

① 第1回学級力アンケート（6月）

　「学級力アンケート」の存在を知ったのが5月の終わり頃であったため，第1回の学級力アンケートを行ったのが6月中旬となった。1学期の学級の状況を振り返り，締めくくりの活動を仕組んでいく時期であ

041

る。レーダーチャートにしてアンケート結果を示すと,生徒たちは一目で今の学級の状況が分かるレーダーチャートに感動しながら,すぐに分析を始めていた。特に注目が集まった項目は,ア

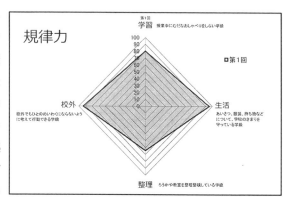

図1　第1回学級力レーダーチャート

ンケート結果の数値が1番低い「規律力」の「整理」であった(図1)。結果を示しただけであったが,自然にスマイルタイムが始まった。

② 課題改善を図るスマイル・アクション

　スマイルタイムでは,「整理」の数値を上げるにはどうすればよいのかが話題の中心となったが,「主体性」や「積極性」の数値が低いことにも着目し,一人ひとりがスマイル・アクションを主導していけるようにしたいという意見が出た。本校では,全員が委員会に所属しているため,委員会ごとに学級全体で取り組むスマイル・アクションの内容を考え,提案することとなった。決まった活動は,以下の通りである。

美化委員会	・朝の会が始まる前と昼休みに,ロッカーと机上の整理整頓ができているかを確認し,帰りの会に評価をする。
生活委員会	・全校生徒とのコミュニケーションが深められるよう,廊下ですれ違った人とハイタッチの挨拶をする。
文化委員会	・口を大きく開け,表情よく歌えるよう,毎回動画を撮って確認する。
学習委員会	・話し合いで学習内容が深められるよう,授業前に行う2分前学習をグループでの話し合いの時間にする。

　スマイル・アクションは1週間行った。活動がたくさんあるため,それぞれの活動が中途半端になってしまうのではないかと危惧していた

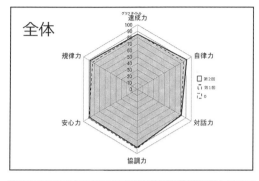

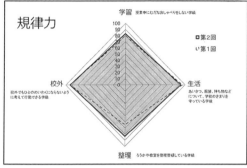

図2　第2回学級力レーダーチャート

が、それぞれの委員会の働きかけが相乗効果を生み、活気溢れる、内容の濃い1週間となった。活動を振り返る中で、「自分たちの委員会の活動に責任をもつことはもちろんだが、他の委員会の生徒たちが頑張って呼びかけているのを見て、仲間にも応えていかないとと思い、全部の活動を充実させることができた」という発言があった。活動後に行った第2回学級力アンケートの結果は、図2のようになった。「整理」の項目をはじめとする様々な項目の数値が高くなったのと同時に、仲間との呼応の関係を築けたことで、自己有用感や学級への所属感を育むことができた。

2　2学期の実践

① 第4回学級力アンケート（11月）

2学期の締めくくりへと向かっていく11月に第4回学級力アンケートを実施した。「自律力」の「時間」や「けじめ」と「規律力」の「学習」の項目が極端に低い値を示した。この時期は、生徒総会の準備や連合音楽会に向けた練習などを休み時間に行い、授業の開始時刻に間に合

わない生徒が何名か見受けられた。また、生徒たちは、中学3年生で進路選択が差し迫っており、授業を充実させていきたいと誰もが願っている。そのような中、落ち着いた雰囲気で授業に臨みたい生徒や、授業を盛り上げるべく、教員の問いかけや仲間の発言に頻繁に反応を示したいと考える生徒など、様々な思いを抱く生徒が混在していた。

②「今だからこそ」「自分たちだからこそ」のスマイル・アクションに

今の学級に足りないことは、生徒たちの意識が反映された学級力アンケートに数値としてはっきりと表れている（図3）。その結果を基に、まずは班長会のメンバー（学級委員2名と班長4名）に、どのようなスマイル・アクションを行っていくとよいか聞いてみた。すると、学級委員の一人が、「今の学級に足りないところはもちろんだけど、卒業まであと3か月しかないから、この仲間だからこそできる新たな活動を生み出していきたいし、それを全校に発信していけるようにしたい」と話した。このよ

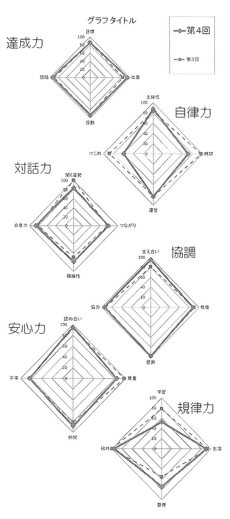

図3　第4回学級力レーダーチャート

うな思いを学級のリーダーがもっていることが分かったため，まずは班長会のメンバーでスマイル・アクションの案を考え，1週間後のスマイルタイムで提案していくこととし，以下の日程で準備を進めた。

期日	活動の場	活動の内容	指導上の留意点
11/17	帰りの会 （学級）	・学級力アンケートを行う。	・これまでの学級力アンケートを確認し，成長度を比較しやすくする。
11/18	昼休み （班長会）	・議題を練り上げる。 ・学級力アンケートから，課題を見つめ，提案する活動を考える。	・アンケート結果の他に，学級目標を決めた時の願いを確認し，それを踏まえた上で活動を考えるように問いかける。
11/21	昼休み （班長会）	・提案する三つの活動を決め，提案理由を練り上げる。	・なぜその活動を提案するのかという根拠が明確になっているかを確認する。
11/24	昼休み （班長会）	・スマイルタイムの進め方を確認する。	・スマイルタイムを進めていく上で不安に思っていることを生徒に聞き，助言をすることで，自信をもって進められるようにする。
11/25	5時間目 （学級会）	・スマイルタイム（学級会）	・生徒主体で進める。必要に応じて助言をする。

　最初の班長会で，活動案をつくる際に，どのような活動にしたいのかという願いがはっきりしていても，具体的な活動がなかなか生み出せなかった。このような時に役立ったのがアクションカードである（図4）。アクションカードはスマイル・アクションを集めたカードで，本書の巻頭に掲載した金子書房の「NEW学級力向上プロジェクト」のサイトからダウンロードできる。生徒たちは36枚あるアクションカードを見ながら，「なるほど」「これ使えそう」などと，活動へのイメージを膨らませることができた。アクションカードを参考にして，話し合うことで3つの案をつくり上げた（図5）。

　その後，「役割分担をして提案する活動内容を詳しく決める」，「提案理由を練り上げる」，「スマイルタイムの進め方を確認する」など，実際の学級会に向けての準備

図4　アクションカード（一部）

段階に入るわけだが，15分間しかない昼休み2回だけではとてもやりきれない。生徒たちは，班長会を効率よく，より有意義なものにするためにロイロノートを活用した。活動内容を詳しくする際には，班長会で大まかな活動内容を確認した上で，下校後に自宅で図5のような案を作成し，ロイロノートで提出するようにした。そうすることで，担任である私は，時間がある時に提案内容を確認し，一層の吟味を行った。その結果，生徒たちは，次の班長会で自信を持って提案することができた。また，作成したデータは，学級会の当日，印刷・掲示できるという利点も見られた（図6）。

スマイルタイムでは，班長会で活動の提案理由を明確にし，活動内容を具体的にすることで，どの発言者からも学級力アンケートから分かる課題となることと，卒業を3か月後に控える今の自分たちがやるべきこと，これら2つの視点で焦点的に話し合うことができた。

話し合いの結果，提案Bの自律力と規律力を高めるための，授業

提案A
活発で，しっかり考える授業にしよう！

活動内容：授業憲法をつくり，その憲法が守れているか確認をする。
例・私語なし(授業以外に関するもの)
　・手遊びなし
　・話している人の方を向く
　・ピン挙手など
※内容は全員で考える。

提案B〈けじめ・時間〉
自分で考え，自律力を高めよう！

①3分前に座る　　（喋ってもいい）
　↳全部教科書を準備して座る
　（2分前になったら2分前学習がすぐ始めれるように切り替え）
②2分前学習を始める。
　（タイマーを測る）
③黙想をする
　↳気持ちを落ち着かせる
④挨拶

提案C

いつでもどこでもさわやかな挨拶ができるようにしよう！

活動内容：朝の挨拶や廊下での挨拶を自己採点，周りの人に採点してもらう

☆点数の基準☆

声が小さい、表情が暗い　20点

声は大きいが表情が暗い　50点
表情はいいが声が小さい

声が大きく表情もいい　80点

はっきりとした声で笑顔の挨拶　100点

図5　スマイル・アクションの3案

図6 スマイルタイムの板書

	第1回	第2回	第3回	第4回	第5回
達成力	86	85	88	92	90
自律力	86	91	88	76	85
対話力	81	82	82	82	86
協調力	92	90	90	94	97
安心力	90	88	89	88	92
規律力	83	88	82	78	83

図7 学級力の1年間の変化

3分前に着席をし，黙想をしてから2分前学習を始めるという活動に決まった。そして，自分たちでつくり出した文化を卒業までに全校に発信していきたいと願い，掃除の時間も黙想をしてから始めることとし，黙々と掃除する姿を示すことにも取り組んだ。

おわりに

卒業式前日に，学級力の1年間の変化（図7）を生徒たちに示した。

生徒たちは，「第1回の時は修学旅行の後だったよね。仲間の新たな一面を知ることができて，協調力とか安心力の数値が高かったよね」「第3回の時は体育祭の時で，最初は気持ちがバラバラだったよね」などと，アンケート結果にエピソードをつなげて楽しそうに話していた。生徒たちに「100％にならなかったけど最高の学級だったと言えるかな」と意地悪な質問をしたら，「最初の頃の90％と今の90％とでは全然違うよ。だっていろいろと乗り越えてきて，理想とする学級像も進化しているから」「この学級は最高だよ」などと話してくれた。学級力向上プロジェクトを実践することで，生徒たちとともに，最高だったと言える時間をつくり上げることができた。

学級解散式では，よりよい学級を目指してともに切磋琢磨してきた仲間との別れを惜しみ，皆が涙を流していたものの，次のステージを見据えきらきらと輝いた目をしていた。次年度も，生徒が生き生きと輝き続ける学級づくりを目指していきたい。

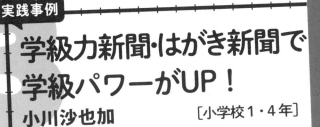

実践事例 3

学級力新聞・はがき新聞で学級パワーがUP！

小川沙也加　　［小学校1・4年］

はじめに

　本校では，自ら学ぶ姿勢をもち，これからの時代を生き抜く力をつけるために，「子ども主体・参画型」の学びに向けた研究を進めている。本校での教員の役割は，授業での助言や，一緒になって課題を考えながら学びをともに創造していく，サポート役・コーディネーター役である。時には，ともに課題解決に向かっていく協働者でもある。

　子ども主体の取組は，「学級力向上プロジェクト」でも同じことが言える。学級力を高め，安心・安全で，毎日楽しいと思える学校生活を送ることができるよう，授業づくりも学級づくりも，子どもとともに考え，悩み，喜び合いながら，全校で統一した取組を進めている。その取組を1年生の実践を中心に紹介する。

1　1年生の実践

① 安心できる学級づくりを目指して

（1）なかよしタイム（4〜5月）

　学級目標「なかよく・げんき・がんばる」を確認し，なかよしタイムでスマイル・アクションに取り組んだ。「じゃんけん列車」が人気で，1位になった児童がインタビューされ，好きな遊びや食べ物などを伝え合った（図1）。負けて喧嘩する姿も見られたが，指導のチャンスとして捉え，受容しながら話をしっかり聞くことに徹した。その結果，徐々に，

図1 なかよしタイム

図2 ふわふわことば

友だちに「よかったね！おめでとう！」と声をかけたり，拍手を送ったりしながら応援する児童が増えていった。

(2) 嬉しい言葉の掲示（5月）

スマイル・アクションの取組では，自分が言われて嬉しい言葉を表現・掲示した（図2）。そして，心が温くなることがあった時には，ビー玉貯金をしていった。

(3)「学び合いの授業」のスタート（4月〜）

学習リーダーの司会・話の聞き方（体を向ける）・発表の仕方（みんなが見える場所に出て発言する）・反応の仕方（最後まで聞いて反応する）など，子どもたち主体・参画型の授業を目指し，学び方を身に付くよう指導した（図3）。

図3 学び合い授業に向けた授業づくり

(4) 初めてのレーダーチャート（6月）

6月には，初めての話し合いを行った。子どもたちは，スマイル・ア

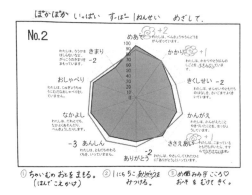

図4 1回目と2回目の比較

図5 第1回学級力新聞

クションの取組を通して小学校生活に慣れてきたことや，授業の仕方が分かってきたことから「これもみんなでできた！」と自信満々に答える姿があった。しかし，2回目（1学期後半の学級力アンケートの結果）では，「なかよし・あんしん・ありがとう」などの項目が下がっていた（図4）。ふわふわ言葉の掲示はしているが，「友だちに嫌な言葉を言われた」「最近，ふわふわ言葉じゃなくて，傷つく言葉を言われて喧嘩が増えてきた」などの意見が出てきた。

(5) 第1回学級力新聞の制作

子どもたちとの話し合いの結果，これからのスマイル・アクションを決め，模造紙サイズの学級力新聞を作成した（図5）。

新聞の作成の際，学級力係の代表児童が司会を行いながら新聞の構成をクラス全員で考え，レーダーチャートやきまりごとを整理した。平仮名を自分で書くことが難しい児童もいるため，子どもたちの言葉を確認

しながら，教員が文章に示し，文字をなぞってもらうようにした。

図5より，1〜3段目には，なにを書かせるのかを指示してから書かせた。子どもたちには，日々過ごす中で嫌なことを感じたら，その場で話し合い，解決しながらぽかぽか学級を目指すことを確認した。

② 学級力向上プロジェクトのレベルUP！

夏休みが明け登校してきた子どもたちから，「スマイル・アクションをまた確認しよう！2学期は皆でなにをする？」という声が聞こえてきた。子どもの声を活かして2学期の取組を決めることにした。

(1) 2学期に行ったスマイル・アクション

● ぽかぽか言葉を使おう（「あんしん」を高める取組）

1学期の話し合いの結果を受け，「安心できる言葉・安心できない言葉」をみんなで確認して一人ひとりが書き，掲示した。自分の決めた言葉「大丈夫」「ありがとう」「一緒に遊ぼう」などを使えたら嬉しそうにする様子も見られた。安心できない言葉を言ってしまった時には，自分でこの掲示物を見ながら反省する姿が見られるようになった（図6）。

● みんなで遊ぶ日の設定（「なかよし」を高める取組）

毎週水曜日の【フレンドリータイム】には，1年生全員で鬼ごっこや追いかけごっこなどを行った。「今日はみんなで遊ぶ日！」「給食頑張ろう！」などと，応援する様子も見られた。

● 相手の話を大切に聞こう！（「きくしせい」を高める取組）「目と耳と心とおへそを向けて聞く」

授業の初めには，体を向けて反応しながら聞くことが「相手を思いや

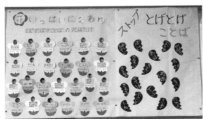
図6　ぽかぽかことばの花ばたけ

図7　Google Meetで授業に参加する様子

図8 研究授業（算数科でのプログラミング学習）

る気持ち」だということを再確認し、授業に取り組んだ。タブレットを用いてGoogle Meetで休んでいる子どもとも一緒に授業を行ったが、動画内でうなずきながら話を聞いていたり、周りの反応を意識しながら話し合ったりする様子が見られるようになった（図7）。

(2) 研究授業で自信・やる気UP！

2学期には、プログラミングの研究授業及び高知授業づくり研究会など、多くの公開授業があった（図8）。「自分たちでやり遂げる嬉しさ」が「自信・やる気」へとつながり、授業でも学校生活でも問題にぶつかった時に、「先生に相談はするけれど、解決するのは自分たち」という姿が見られるようになった。参観いただいた保育園・幼稚園の先生や、県外の先生、保護者の方からの賞賛を学級全体で喜び合ったことなどが挑戦する力につながっていった。

(3) 3，4回目の話し合い

12月に行った3，4回目の結果を図9に示す。3回目の話し合いでは、子どもたちは、これからの取組として①ぽかぽか言葉をつかう、②みんなで誘い合って遊ぶ、③自分たちで勉強を進めることを決めた。その結果、「スマイル・アクションを実践し仲が深まったこと」「自分たちで授業の司会を行い、頑張ったこと」など、多くの意見が出された。

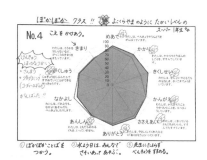

図9　3回目と4回目の比較

4回目のアンケートの分析は、「先生に頼らず、まずは自分たちで話し合おう！授業を進めよう！」という目標を設定す

る姿につながった。3学期には、レーダーチャートを確認しながら、取組を振り返り、成長を実感している様子が見られた。

(4) 第2回学級力新聞の制作

子どもたちは結果がよくなっているところは続けることを再確認した。プログラミング学習でのトライ アンド エラーや「子ども主体・参画型の学び」、そしてスマイルタイムの実施・話し合いなどがつながり、「失敗してもやり直せばOK！」という安心感が生まれ、学級力の高まりをますます感じた（図10）。

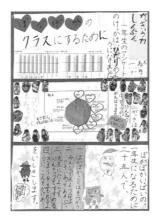

図10　第2回学級力新聞

2 高まり合う学校へ ～その他の学年の取組～

① 学級力はがき新聞（各学級で掲示）

4年生の取組では、学級力向上を目指し、自分の目標をはがきサイズのはがき新聞にまとめている（図11）。集団意識をもちながらも、一人

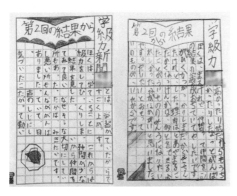

図11　4年生の学級力はがき新聞

図12　スマイルタイム（話し合い）

ひとりの思いを表現できるような場となっている。図12からは，授業づくり集会で協力して頑張ったことや行事に向けての本気の取組が表れ，達成感に満ち溢れていることが伝わってくる。

②学級力新聞

全校児童や保護者が見やすい校舎１階廊下壁面には，全学級の「学級力新聞」を掲示している（図13）。他の学年を参考にし，よりよくしていこうと児童が意識化できる効果的な取組になっている。

図13　全校での新聞掲示

おわりに

今まで様々な場面で自分の思いをなかなか伝えにくかった児童が，２学期後半，トラブルの中で「僕は〜だと思ったよ」と涙ながらに一生懸命伝えようとしている姿があった。どのような意見でもみんなで話し合って解決していける安心感や，大切な学級の一員だという温かさにあふれた雰囲気が児童の心を徐々に変えていったのではないかと思う。３学期後半には，「みんなが聞いてくれて話せるようになったよ。ぽかぽか学級になったね」などと，嬉しい言葉も聞くことができ，保護者の方と一緒に喜び合った。これからも，子どもとともに話し合いながら，安心できる学級・学校を，全校・全教職員でつくっていきたい。

実践事例 4

全校体制で取り組む 学級力向上プロジェクト

高尾早彩　　　　　　　［中学校全学年］

はじめに

　学校教育には，支持的風土が欠かせない。本校は，支持的風土の中で望ましい人間関係が養われ，生徒一人ひとりが安心して過ごし「明日も来たい！」と思える学校を目指している。具体的には，学級力向上プロジェクトを大きな柱の1つとして，全校体制で支持的風土の醸成に取り組んでいる。実践にあたっては諸々の課題を抱えながら，持続可能なやり方を模索してきた。以下に本校の実践の一部を紹介する。

1　全校体制での取組に挑戦中！

　以前は学級力会議（スマイルタイム）の実施目安となる週を決め，学年ごとに学活の時間を確保していた。今年度は，より確実に取り組めるように，年間3時間の全校学活の時間を設けている。事前に生徒が答える学級力アンケートには，ロイロノートのアンケート機能を活用している。各学級3回分を資料箱に準備し，学年主任が音頭をとって担任が実施する。Googleの共有ドライブに学級ごとの集計用ファイルを作成し，アンケートの結果をコピーして貼り付けると，学級力レーダーチャートと各項目の棒グラフが出てくるようになっている。

　データの提示方法や生徒との共有方法は担任に任せられている。1人1台のタブレット端末を生かし，ロイロノートの共有ノート機能を活用

055

する学級もある。桃色のテキストカードには学級のよさを書き出し，青色のカードには課題を打ち込む。次に，生徒たちは，レーダーチャートの関連する項目付近に書いたカードを置いて整理していく（図1）。その後，生徒たちはタブレットを囲みながら，学級のよさや課題について活発に話し合う（図2）。

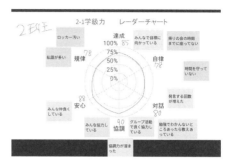

図1　共有ノート機能を活用した様子

学級力会議の終了後，生徒たちは，掲示物（以下，学級力向上宣言）を2枚作成する（図3）。学級力向上宣言とは，「誰にとっても居心地のよい集団にするための課題は～です。○○力を高めよう！」という内容である。

図2　活発に話し合う生徒たち

2枚の内の1枚は，教室内または廊下に掲示する。それは，教科担任制の中学校において，全教職員の共通理解を図るためである。他の教員にとっては，学級力向上宣言を見ることで，各学級の目指す姿を確認することができる。そのため，各教員には，必要に応じて「本当にこの姿でいいの？」と投げかけることができる体制が整っている。もう1枚は，生徒玄関付近の掲示板に全校分をまとめて掲示している（図4）。まとめて掲示する意図は，全校体制で学級力会議に取り組んでいることを全校生徒に知ってもらうためである。

図3　学級力向上宣言　　　図4　全校分の学級力宣言

2 自分たちで学級を振り返り，改善する！

　学級力会議の冒頭ではレーダーチャートと各項目の棒グラフを見せると「おぉ」「へぇ」などと，驚きや共感の声が出された。これらの声は，自分の感覚と学級全体の感覚が同じだったり，ずれていたりしたことへの表れである。生徒たちは，レーダーチャートとグラフを基に現状を振り返り，学級のよさと課題を挙げて，個人→班→全体の順で共有する。意見が出揃った後は，主な課題「なぜできていないのだろう？」を中心に考え，解決のために取り組むことを決める。

① 係活動に課題を見つけた学級の取組

　2年A組では，係活動を忘れる人が目立つという課題が出てきた。

担任	係の仕事を忘れると，なにが悪いの？
生徒	みんなが困る。ランチの時に箸がない。帰りの会に予定帳がない。
担任	みんな困るのが分かっているのに，なんで忘れる？
生徒	責任感がない。人任せになっている。
担任	どうしてそうなる？
生徒	自分が当番の時は，ただ忘れる。他の人の当番の時は，誰が当番か無関心になっている。
担任	その責任感と関心のなさは，どうしたら解決する？
生徒	アイディアを出し合ってみたい。時間をください。

話し合いは時間内で結論に至らず，昼休みに班長が集まって会議を開き，のちに学級全体に提案があった。内容は，丸型の小さな名前マグネットをつくって班長が今日の当番を貼る。朝の会のプログラムを追加し，日直が今日の当番を読み上げるというものだった（図5）。学級全体がその提案を受け入れ実践し

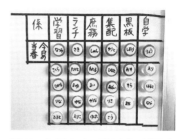

図5 生徒たち（仮名）が提案したマグネットシステム

た結果，係活動への取組は劇的に改善した。生徒もそれを実感していた。

2年A組は，学級力会議を機会に自治力を伸ばし，たいていのことは自分たちで解決するようになった。合唱祭の練習では，昼食終了の10分後に歌い出すことに決め，声をかけ合って行動した。振り返りのはがき新聞には，学級の成長を喜ぶ内容が記されていた（図6，図7）。

② 学習に向かう姿勢に課題を見つけた学級の取組

1年B組では，授業の開始時間を守っていないことと，授業中の無駄話が多いことへの課題が出てきた。

図6 学級の成長を喜ぶはがき新聞①

図7 学級の成長を喜ぶはがき新聞②

担任　なぜ無駄話をしてしまう？
生徒　最初は関連のある話のはずだけど，だんだん話がそれてしまう。その時は授業にも集中していない。
担任　無駄話がなくなると，なにがいいの？
生徒　みんなが授業に集中できる。勉強が分かるようになる。
担任　時間を守れるとなにがいいの？
生徒　（授業が）早く始まって，早く終わるかも。

　1年B組は，改善のための活動を話し合う時間が取れなかった。そこで担任は，その日の帰りの会において，授業開始の時間を守ることができたかどうか，無駄話をしなかったかどうかなどを振り返る方法を考えた。生徒からは，①学級委員が帰りの会で聞く，②学級力アンケートで回答する，③免許制度をつくる（ちゃんとできた人はゴールド）というアイディアが出てきた。初めの1か月は①を実践し（図8），次の1か月は1週間に1度の頻度で②を実践した。劇的な改善は見られなかったものの，生徒一人ひとりの意識の継続は見られた。

③ 人間関係に課題を見つけた学級の取組

　3年C組では，アンケート項目のうち「男女の仲がよく，協力して学んでいるクラスだ」に対する数値が圧倒的に低く，真っ先に課題として挙げられた。生徒たちは，「反応が少ない」「話が続かない」など，他の課題と一緒に考え始めた。その結果，生徒たちは男女の区別よりも，互いのことを知らないことに問題があるのではと気づき始めた（図9）。

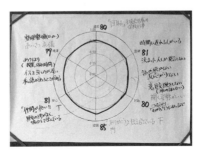

図8　自己評価の数を記録した掲示

図9　よさと課題の共有

生徒たちは，相手のことをもっと知り，自分のことも知ってもらうためにどうしたらよいかを考えた。話し合いの結果，帰りの会で行っていた1分間スピーチの代わりに，誰でしょうクイズをすることに決めた（図10）。誰でしょうクイズとは，

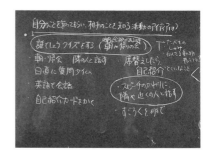

図10　話し合いの経過の板書

一人1枚の紙に「好きな○○」などの情報を3つほど書いて集めておき，帰りの会で日直が1枚選んで読み上げ，誰が書いたものか当てるクイズである。クイズは隣の人と話し合って解答することにした。

この取組からすぐに「話しやすくなった」「同じバンドが好きだと分かり共通の話題ができた」などの反応が聞かれるようになった。3年C組は合計3回の学級力会議を通して，いつでも誰とでも仲良くコミュニケーションできる集団になりたいという思いを明確に持つことができた。

おわりに

前述の通り，本校は全職員の理解を得ながら全校体制で学級力向上プロジェクトに取り組んでいる。しかし，あまりに決め事が多いと全員で続けていくことは難しい。支持的風土の醸成という目的を達成するための手段になっていれば，それぞれの学級に合ったやり方があってよい。とりわけ中学校は，学級の課題が見つかった時に，直ちに生徒たちと話し合うための時間の確保が難しい。たとえば，教科によっては，担任する学級であっても週に1時間しか授業がない場合もあるため，担任裁量の時間を生み出すことは容易ではない。

学級力向上プロジェクトは生徒のR-PDCAサイクルを自然に生み出し，自治力を高め，学級の目指す姿を明確にしてくれる。支持的風土の高い学級・学年・学校であり続けるために，私は様々な制約の中であっても持続可能な形を模索していきたいと思っている。

第 **5** 章

タブレット活用編

1人1台 タブレットで 学級力の実践が すぐできる

実践事例

Googleフォームで
簡単入力！
Googleスプレッドシートへ
簡単ペースト！
内藤一貴・小幡貴司　［小学校高学年］

1 Google Workspace版「学級力向上プロジェクト」

　Society 5.0に向けた東京都教育委員会の「TOKYOスマート・スクール・プロジェクト」を受け，2021年度，東京都西東京市においても全校児童に対して1人1台のタブレット端末が配備され，児童の学習環境は大きく変化した。各自治体で導入されているハードやソフトが違う中，手探りでICTを活用した学習について試行錯誤してきた。その中で，本校では校内研究として学級経営研究に取り組み，「学級力向上プロジェクト」を導入することとなった。

　学級経営については，方針・方法が様々ある中で，全校で斉一的に取り組むことに，当初は抵抗感のある教員もいたものの，「学級力向上プロジェクト」に全校で取り組む意義や，児童自身が主体性をもって学級経営に参画することができるというメリットを説明することで，全体のベクトルを揃えていった。

　西東京市においては，Microsoft Officeがタブレット端末に導入されておらず，集計ソフトをGoogle Workspace用に新たに作り直す必要があった。こうして開発したコンテンツを元に，本稿ではGoogle Workspaceで取り組む学級力向上プロジェクトについて紹介する。

2 Googleフォーム の活用方法

学級力向上プロジェクトに斉一的に取り組むにあたり，誰でも簡単に，手間なく取り組めるようにするため，Googleフォームを活用して，学級力アンケートを実施することとした（図１）。Googleフォームを活用することで，児童も教員も時間を大きく取られることなく集計・分析することが可能となった。

１年生は，学級力アンケートを２学期から３回実施し，２～６年生は年間で４回実施した。各教員は，アンケートのリンクをGoogle Classroomのストリームに貼り付け，児童が回答を行った。

各学年でアンケートに回答する時間は，10～15分程度である。アンケート回答結果は即時教員側に送られてくるため，後述するGoogleスプレッドシートにその場で結果を貼り付けて，レーダーチャートを作成する教員もいた。Googleフォームを活用することで，各質問の項目ごとの人数や割合についても一目で分かる。各教員は，図２のレーダーチャート結果を各学級で掲示した。

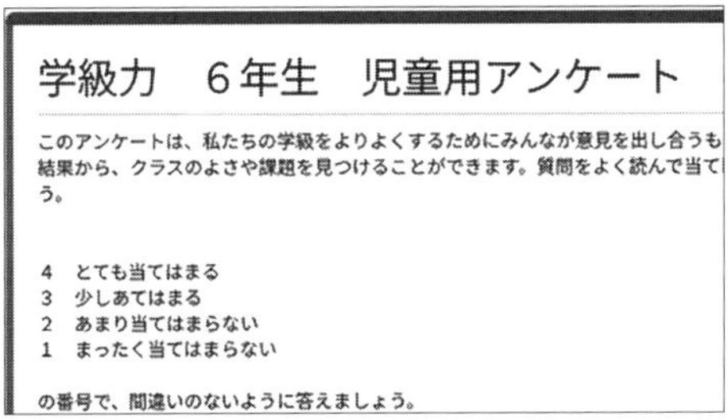

学級力　６年生　児童用アンケート

このアンケートは、私たちの学級をよりよくするためにみんなが意見を出し合うも
結果から、クラスのよさや課題を見つけることができます。質問をよく読んで当て
う。

4　とても当てはまる
3　少しあてはまる
2　あまり当てはまらない
1　まったく当てはまらない

の番号で、間違いのないように答えましょう。

図１　Googleフォームによる学級力アンケート

図２　Google Workspace用レーダーチャート

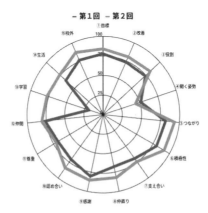

3 Googleスプレッドシートへの入力方法

　図2のレーダーチャートは，Google フォームで回答を集計したのち，Google Workspace版の集計ソフトに結果を貼り付けることで作成可能となる。順序としては次の通りとなる。

① 　Googleフォームでアンケートを実施する（図1）。

② 　Googleフォームのアンケート結果をGoogleスプレッドシートに出力する（図3，4）。

③ 　出力したアンケート結果をGoogle Workspace版学級力向上プロジェクト集計ソフトのデータのない箇所に貼り付ける（図5）。

④ 　貼り付けたデータを再度すべて選択しコピー，行った回のタブ

図3　Google フォーム回答タブより，スプレッドシートで表示を選択

図4　スプレッドシートで表示された結果のデータをすべて選択し，コピーする

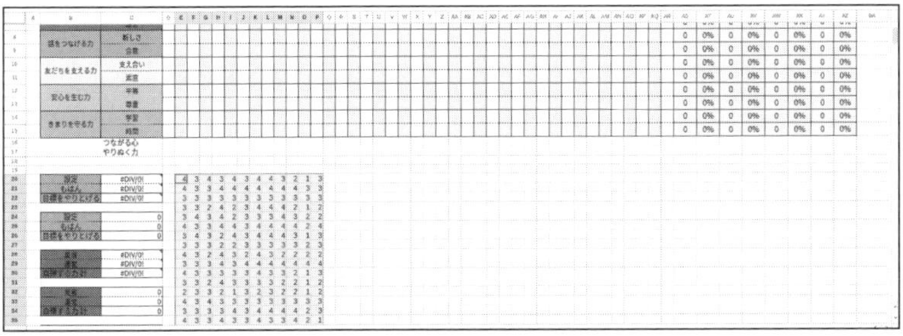

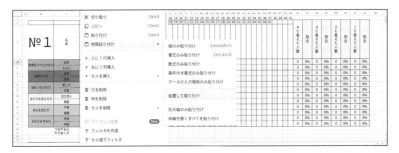

図5 コピーしたデータを空白部分へ貼り付け

図6 空白部分に貼り付けたデータを再度コピーと転置・貼り付け

　　（①）を選択する。次に，入力場所を選択し，「特殊貼り付け」
（②）から「転置して貼り付け」（③）を選択する（図6）。
⑤　レーダーチャートを見ながらスマイルタイムを行う。児童用分析
タブを開くとレーダーチャートが完成している。

4 ICT活用によって　もたらされた成果

① アンケート結果を迅速に子どもたちへフィードバック！

　学級力アンケートをGoogleフォームで行い，Googleスプレッドシートからレーダーチャート化できることで，集計の手間が大きく省かれた。また，授業時間の中でアンケートを取り，その時間内にレーダー

チャート化し，子どもたちにフィードバックすることも可能となった。アンケート用紙を集め，教員が手集計するよりもはるかに迅速である。子どもたちにとっては，新鮮さが保たれたまま，スマイルタイムに移行できた。

　図7は，2年生のスマイルタイムとスマイル・アクションの実践で書き込みをしたレーダーチャートである。その場で行ったアンケート結果が即時にレーダーチャート化されると，子どもたちから感嘆の声が上がった。アンケート結果がすぐに可視化されるため，数値やグラフの変化に着目する姿が波及的に増え，話し合いが活性化した。回数を重ねる度に，子どもたちの意欲も高まり，充実した話し合い活動へ発展した。

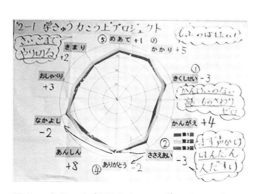

図7　クラスに掲示したレーダーチャート

図8　スマイルタイムのまとめに活用したアンケート

スマイルタイムでは，子どもたちの考えや意見を集約する場面と話し合いをまとめる場面において，Googleフォームのアンケート機能を活用した。ある学級では，クラスで力を入れたい項目についてGoogleフォームのアンケート機能を活用して話し合いを行った（図8）。スマイルタイムでは，児童から様々な意見が発表される。スマイル・アクションの方向性を定めるためには，話し合った内容を基に，再度児童一人

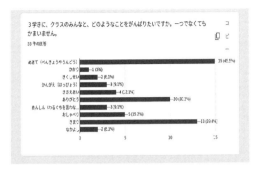

図9 スマイルタイムのまとめに活用したアンケート結果

ひとりが納得解を出す必要がある。このような場面でもGoogleフォームのアンケート機能を活用することで，みんなの意見が即共有できると同時に，取組の順位付けが可能となり（図9），スマイル・アクションをスムーズに決めることができた。また，子どもたち一人ひとりの意見や考えを反映できるため，学級全体に当事者意識が芽生え，クラスで決めた目標を達成しようと主体的に行動する児童が増えていった。

② データの共有や引き継ぎが円滑になる！

子どもたちだけではなく，教職員にも1人1台のタブレット端末が配布されたことで，Googleドライブを活用したデータの共有が可能となった。本校では，Googleドライブを活用して各学年や各学級のファイルを作成し，GoogleフォームやGoogleスプレッドシート，レーダーチャート集計ソフトを保管している。このようにすることで，年度が変わっても以前のデータを参照できる。また，GoogleフォームやGoogleスプレッドシート，レーダーチャート集計ソフトの原本データファイルをコピーして次年度の準備を行ったことで，学校全体で質を保った持続可能な取組へと転換することができた。特に，年度始めの学年の実態の引き継ぎでは，学級担任の主観的な見解ではなく，子どもたちによるクラスの客観的評価としてレーダーチャートを参照できるため，より質の高い情報共有が可能となった。

③ 学校全体で行うことによる組織力の向上！

Googleドライブを活用したデータの共有により，教職員間で子どもたちへの指導の共有や改善の話し合いが行いやすくなった。タブレット

があれば，他学級のレーダーチャートも参照することができるため，「開かれた学級づくり」が可能となった。本校では学級担任だけではなく，専科教員とも連携して，レーダーチャートを基にした実態把握や各学級で取り組んでいるスマイル・アクションについて共有する機会を定期的に設けている。子ども一人ひとりや学級という集団は，環境に応じて様々な態様を見せることがある。学級担任と専科教員が協働することで，指導に一貫性をもたせることができるようになった。

また，学年会でレーダーチャートを基にして話し合うことにより，互いの学級の実態を客観的に把握できるという効果がみられた。若手教員の学級指導における困り感について，的確にアドバイスを行うための材料として活用した学年もあった。

このようにして，ICTを活用しながら学校全体で学級力向上プロジェクトを行うことにより，教職員の連携による組織力向上にもつなげることができた。

5 校内全体で取組を推進するために

校内全体で学級力向上プロジェクトのDX化を推進するためには，教職員全体でICTの活用能力を高めつつ，共通理解・共通実践を行う必要がある。そこで，本校では以下のような取組を通して，DX化の推進に努めた。

図10　職員へのOJT研修の様子

① 毎月の夕会の実施

本校では，職員夕会の時間を活用し，ICTや学級経営をテーマにした15～20分間の夕会を月に1回設定した。そこではレーダーチャート化までの手順や，プロジェクトを進めていくための

OJT研修を行った（図10）。

② ICTを活用した教職員の困り感の共有

　プロジェクトを進めていく上で，教職員が見通しをもち，安心して取り組むことができるよう，Googleフォームを活用して教職員の困り感を共有し，OJT研修のテーマを設定した。また，夕会ではGoogle Jamboardを活用して教職員の意見や考えを集約し，解決に向けた話し合いを行った。具体的な困り感としては，「レーダーチャートをより有効活用するための具体策」「学級の実態を指導（評価）する上で，価値観を揃えるための方法」「スマイルタイムで大切な教員のファシリテーションの方向性」などが挙げられた。これらの課題を解決するために，各学級で行っているスマイル・アクションを共有したり，学級力向上プロジェクトの実践事例を紹介したりした。

③ カリキュラムマネジメントへの位置付け

　年度が変わって本校に着任した教職員も安心して学級力向上プロジェクトを行えるよう，教育計画に学級力アンケートを取る時期の目安や方法，実践を載せて参考にできるようにした（表1）。

表1　教育計画に掲載した年間指導計画

	学級力アンケート	スマイルタイム	スマイル・アクション
1回目	4月	4～5月	学期を通して行う
2回目	7月	7～10月	学期を通して行う
3回目	12月	12～2月	学期を通して行う
4回目	3月		

おわりに

　本校では，学級力向上プロジェクトのDX化を推進したことで，より効率的・効果的な実践を行うことができた。迅速に子どもたちにフィードバックできることによる学習意欲の向上と，学級の実態を即時的に把握できることによる教員側の指導改善，教職員の連携による組織力向上

など，子どもたちにとっても教職員にとっても大きなメリットがあった。

　本校では，校内研究としての組織的な取組により，学習指導要領にも位置付けられている「主体的・対話的で深い学び」を支えるための学習集団の育成にも好影響をもたらし，全国学力・学習状況調査の結果が向上した。

　今後も学級力向上プロジェクトのDX化による教育活動の充実を進め，プロジェクトの裾野を広げていきたい。

　最後に，本校の教職員に寄り添い，より充実した教育活動になるよう，早稲田大学教職大学院教授の田中博之先生や横浜国立大学教職大学院准教授の藤原寿幸先生，理想教育財団の皆様に温かいご指導やご支援を賜りました。この場をお借りして，感謝申し上げます。

実践事例

Microsoft Teamsで

アンケートの簡単入力と,

レーダーチャートの

自動生成

～1人1台端末を活用した学級力向上プロジェクト～

中島大輔 [小学校5・6年]

はじめに

　本校は，全校児童が約260名で，各学年が1～2学級で構成されている。本校は長年，「主体的・対話的で深い学び」をテーマとして学力向上に向けての研究を進めてきた。主体的・対話的で深い学びを実現していくためには，その素地としてあたたかい学級集団づくりが必要不可欠であるという考えから，7年前より，学級力向上プロジェクトを導入することになった。

　本校では現在，年間を通して3～5回，時には人権月間や運動会などの学校行事と学級力向上プロジェクトを連携させ，全学級で学級力向上プロジェクトを行っている。その結果，遅刻・欠席や生徒指導件数が減少したり，意欲的に学習に取り組む児童が増えたりするなど，たくさんの成果があった。一方で，学級力向上プロジェクトを継続実施していく中で，いくつかの課題も生じていた。主な課題として出てきたものは，以下の2点である。

① 　従来行われてきた，学級力アンケートを紙ベースで実施する方法では，アンケートの印刷や回答結果の入力，レーダーチャートの印刷など，準備をする際に教員側に手間がかかってしまうこと。

② 　アンケートの実施から結果の発表までに，一定程度の時間が空いてしまうために，児童の意欲の向上が停滞してしまうこと。

　このような課題を解決し，教員にとっては負担を感じることなく，児童にとっては主体的にプロジェクトを実践するための方法を検討した。

本校では，2021年度より，児童一人ひとりに配布されたタブレット端末を活用した学級力向上プロジェクトの実践を進めている。ここからは，本校で実践しているタブレット端末を活用した学級力向上プロジェクトの一例を紹介していく。

1 １人１台端末を活用した学級力向上プロジェクトの導入

　本校で行っている，１人１台端末を活用した学級力向上プロジェクトは，児童のタブレットに導入されているMicrosoft Teamsを活用している。従来，紙ベースで実施していた学級力アンケートは，Microsoft Teams内にある「Forms」というアンケート機能を用いて，タブレット上で行っている（図１）。

　児童の回答結果は，Microsoft Power Automateを使用して連携を行い，Microsoft Share Pointに保存されているExcel版のレーダーチャート作成ファイルへとリンクされ，自動的に結果が集計されるシステムを，ICT支援員の先生に構築していただいた（図２）。

　その結果，アンケートの実施から結果の集計，レーダーチャートの発表までを一括でできるようになった。

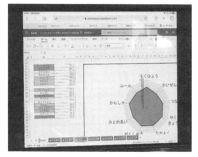

図１　児童がMicrosoft Formsで学級力アンケートに答える様子

図２　回答が自動集計されてレーダーチャートで表示される様子

本書の冒頭に示した『NEW学級力向上プロジェクト2』資料ダウンロードのサイトに，FormsとExcelのファイルを公開しているので，Microsoft Power Automateを各自の環境に合わせて設定して利用していただきたい。

　このシステムが構築されたことで，以下のようなメリットが生まれた。
① アンケート用紙の印刷や，回収した児童の回答をExcelソフトへ入力することが不要となったので，教員側の準備に費やす時間が減った。
② 子どもたちが，アンケートの結果をその場ですぐに確認することができるので，児童の意欲を停滞させることなく，学級力向上のための取組を考えることができる。
③ 1時間の授業内でアンケートの回答・集計及びレーダーチャートの結果の可視化，スマイル・アクションの提案，お互いの意見の共有と合意形成までの一連の流れが可能となり，費やす授業時数が少なくなった。

　タブレットを活用した学級力向上プロジェクトは，本校で課題となっていた，教員の負担感を軽減し，児童の主体性を育むことができる画期

図3　職員室力アンケートとタブレットで回答する様子

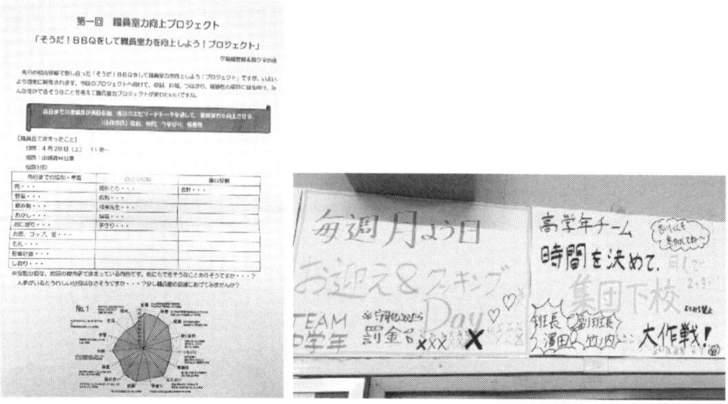

図4 よりよい職員室にするための取組の様子

的な方法へ変容したのである。

　タブレットを活用した学級力向上プロジェクトの実施にあたっては，タブレットの活用が得意な教員も苦手な教員も，全教職員が負担感を感じることなく取り組むことができるようにしなければならないと考えた。そこで，年度当初に「職員室力向上プロジェクト」という名前の職員研修を実施した。この研修では，子どもたちが取り組む学級力アンケートを職員室版へと改良した「職員室力アンケート」（図3）に，子どもたちと同じようにタブレット上で回答してもらい，結果の自動集計や，レーダーチャートの表示方法を学ぶようにした。また，学年毎や低学年・中学年・高学年のブロック毎に，よりよい職員室にしていくための取組を検討・提案した（図4）。このように，各学級の学級力向上のための取組を考える一通りの流れを教員に体験してもらう。この研修を実施したことで，タブレットを活用した学級力向上プロジェクトを全学級でスムーズに導入することができた。

2　1人1台端末を活用した学級力向上のための取組

　本校では，タブレットを活用した学級力アンケートや回答の集計システムが構築されたことで，その後の子どもたちの話し合いの時間にも大きな変化があった。具体的には，話し合いの中でタブレットを活用する児童が自然と増えていったのである。ある児童は，クラウドに保存しておいた過去のレーダーチャートの結果と今回の結果とを比較して変化の要因を自分たちなりに分析していた（図5）。また，別の児童は，学級力向上のためのアイディアをベネッセ・コーポレーションのオンラインアプリである「オクリンク」でまとめて提案をしていた（図6）。このような姿は，タブレットを用いた学級力向上プロジェクトを繰り返す中で当たり前の姿として定着していったのである。

図5　タブレットに表示されるレーダーチャートを用いた話し合いの様子

図6　取組の提案をタブレットでまとめて提案している様子

子どもたちが発案し，学級力向上に向けてのスマイル・アクションもタブレットを活用した取組が増えてきた。私が５年生，６年生で担任をした学級で子どもたちが実施した，タブレットを活用した学級力向上の取組を２点紹介する。

①「林間学習大成功シートを作ろう！」（高める項目：目標）

この取組は，林間学習に向けてのクラス目標を設定する取組として

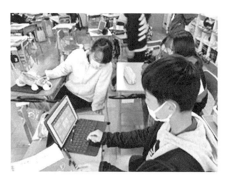

図７　班ごとに目標達成シートを作成している様子

ほめあう	感謝する（ありがとうなど）	拍手する	お互いのことを知る	みんなが仲良く	みんなで助け合う	お礼を言う	あいさつ	家の人にお礼
良いとこ見つけ	認め合い	きづかい	大きな声であいさつ	つながり話す	笑顔になる	手伝い	感謝	反応する
良いとこ伝え	素直	フリー	１つになって協力	みんなで声掛け合う	自分ことを理解する	施設の人にお礼	仕事を全力で	Strong スマイル
黙食	班で行動	あいさつ	認め合い	つながり話す	感謝	色々な人と話す	自分から話しかける	フリー
時間を守る	ルール	話を最後まで聴く	ルール	林間学習大成功	仲良く	無視しない	仲良く	マイムマイムを全力
係の仕事	仲良く安全に	返事	ルール	ルール	目標	はなれずに行動する	ふとんを協力して	一人でご飯を食べない
ベル準	走らない	ことばづかい	顔を見る	全体を見る	姿勢	忘れ物しない	けが人０	係の仕事を頑張る
迷惑行為×	ルール	マスク	暴れないさわがない	ルール	人のもの触らない	みんなが楽しかったと思う林間	目標	全員が施設の人にあいさつする
切り替え	けんか×	ゆずり合い	10時にはねる	片付けをする	メリハリをつける	見通しを持った行動をする	臨機応変	クラスのみんなと１回は話す

図８　各班のシートを１つにまとめた林間学習大成功シート

行ったものである。これは，メジャーリーガーの大谷翔平選手の目標達成シートを参考にしたものであった。子どもたちは，班ごとに，レーダーチャートの項目の中から，林間学習で高めたい項目を1つ選び，その周りに，その項目を高めていくための具体的な行動目標を考え，記入していった（図7）。各班が考えた行動目標には，「見通しを持った行動」や「みんなで助け合う」などがあった。班ごとのシートはすべて，「オクリンク」を使ってタブレットで作成した。最後に，私が各班のシートを1つにまとめて（図8），Teams内のクラスのページに保存をし，林間学習前の日々の学校生活に活用できるようにした。また，紙でも印刷して林間学習のしおりの1ページに加えた。林間学習当日の夜の振り返りでは，達成できた目標と，次の日への課題をクラス全体で共有し，同じ目標下で団結して林間学習に臨むことができた。

②「きずな貯金をためよう！」（高める項目：つながり話す）

　この取組は，「友だちの発言につなげて自分の意見を話す」「朝，クラス全員の友だちとあいさつをしあう」など，子どもたちが毎日，友だちとつながっていくためのミッションを設定し，クリアしていくという活動である。子どもたちは，このようなミッション達成型の取組をそれまでにも何度か行ってきており，その際，取組の達成状況を可視化するための手段として，ビー玉貯金やグラフに色を塗る方法をよく用いていた。しかし，これらは，自分たちはもちろん，他の学年やクラスでも用いられていた手法であったため，子どもたちは新たな可視化の方法を話し合った。「ビー玉貯金用のビー玉は，学校のものを使っていたから，今回は自分たちで作ったものを貯めていって達成状況が分かるようにしたい」「貯まっていくとワクワクするものがいい」などの意見が子どもたちから出された。その結果生まれたアイディアが，上記した様々なミッションにクラス全員でクリアをして，学級内通貨を貯めていくというものであった。ミッションの例を挙げると下記のようになる。

　・朝の登校時にクラスの全員とあいさつをできれば「1000きずな」
　・「〇〇さんに賛成で〜」，「〇〇さんの考えに近いけれど〜」

図9 きずな通貨。右端の1000絆が，タブレットで作成したもの

- 友だちの意見につなげた発表ができれば，1回ごとに「100きずな」など

　一定期間内に決まった金額を貯めて達成した際には，成功を祝って「きずなフェスタ」という名前のお楽しみ会を行うことにした。学級内通貨は，学校の教具としてあるお金を用いるのではなく，子どもたちが「オクリンク」でオリジナルの通貨をデザインし，それを私が印刷して使用することにした（図9）。取組に使用するアイテムを自分たちで，しかもタブレットを活用して用意をするという方法は，子どもたちの意欲を格段に高めた。全員が積極的に取組に参加していた姿がとても印象的であった。

　この他にも，取組の達成状況を可視化する方法として用いていたシールは，市販のものから，子どもたちがタブレットで作成したものに変更した。また，人権月間でのクラスの取組の様子を動画で撮影したり，アップル社の「iMovie」で編集したりした。子どもたちは，それらの編集済み動画を，人権月間まとめ報告会の中で発表した。学級力向上のための取組は，今回紹介したタブレットを活用することで，新しい活動が創造されるとともに，バラエティ豊かな活動へと発展していった。

おわりに

　「自分たちのクラスは，自分たちの力でよりよいものにつくり上げていこう」。これは，私がこれまでに担任をして，学級力向上プロジェクトを実践してきた学級の児童に毎年伝え続けてきた言葉だ。近年，子ども

たちを取り巻く環境は大きく変化している。ゲームやSNSの流行に加え，新型コロナウイルス感染症の流行で教育活動も制限され，子どもたち同士の直接的な関わりの機会が失われてきた。

　そのような環境の中で，子どもたち同士が主体的に関わり合い，学び合うことは，子どもたちに安心感や充実感，新しい気づきなどを生み出す。私は，学級力向上プロジェクトはそのための大きな役割を果たしていると考える。

　また，タブレットを活用することで，教員の準備による負担の軽減や子どもたちの話し合い，取組の多様化など，たくさんの利点がある。今後も全校体制でタブレットを活用した学級力向上プロジェクトの実践を推進していきたい。

実践事例

Google Jamboard を活用した学級力の診断と改善

熊瀬功督 ［中学校2年］

はじめに

　本校は，岡山県北地域における最大規模の中学校で，生徒数は650名を超える。人間関係のもつれからトラブルになるケースも多く，その対応に追われることが日常であった。生徒は，どこか受け身で，「自分たちのことは自分たちでしよう」という思いが感じられなかった。そこで私は，生徒たちに自分たちの学級を俯瞰的に診断・改善を促す方策として，年間5回のスマイルタイムを含む学級力向上プロジェクトを実施した。

1 学級力向上プロジェクトの目的

　私が実践をする目的として考えたのは，以下の2点である。

① 教員からの説諭という形で，行動変容を促していた従前の姿勢を変えるべく，生徒たちが自分たちで学級の現状を分析・課題追究をする姿へ変容させること。

② 生徒たち一人ひとりが，自分の頑張っていることが誰かの役に立つことに気づかせる機会を増やし，生徒たちの自己肯定感を向上させること。

2 学級力向上プロジェクトの進め方

　私が，実際に行った学級力向上プロジェクトの手順を紹介する。

① 学級力アンケート

　私は，Googleフォームを使って学級力アンケートを実施した。アンケート項目は，独自に作成した以下の8つである。

　①このクラスは，そうじのよくできるクラスです
　②このクラスは，あいさつのよくできるクラスです
　③このクラスは，時間をよく守るクラスです
　④このクラスは，周りの人のために動けるクラスです
　⑤このクラスは，学級目標が意識できているクラスです
　⑥このクラスは，授業中私語が少ないクラスです
　⑦このクラスは，団結力のあるクラスです
　⑧このクラスは，行動の早いクラスです

　上記の項目は，学級の状況に応じて適宜調整を行った。この8項目は1日の生活の中で毎日行うものを中心に，生徒との話し合いを通し，設定した。

② 授業前の準備

　①のアンケートをGoogleフォームで行ったあと，回答集計画面から，Googleスプレッドシートの作成ボタンを押し，作成した（図1）。その情報をコピーして，レーダーチャートに貼り付けた。

　その際に，行と列を転置して貼り付けを行った。このアプリケーションを使うことにより，集計からレーダーチャート作成が20分ほどで完結し，授業準備時間の節約へつながった。

③ 授業の様子

　Google Jamboardを活用した授業は，以下の通りである。
　授業は，ワークシートとGoogle Jamboardを併用して行った。

D	E	F
このクラスは、そ	このクラスは、あいさつ	このクラスは、時間をよ
3	4	3
3	2	2
4	4	4
4	4	4
3	4	2
4	4	4
3	1	4
4	4	4
4	4	4
3	2	3
4	4	2

図1　Google スプレッドシート

① 前項で準備したレーダーチャート（図2）をグループメンバーで確認した。
② 初めは個人作業とし，点数が上がった項目を中心に具体的な要因を考えさせた（図3）。この項目はワークシートに記入した。その際，特に自分と同じ班メンバーの生活を振り返り，よい点があれば個人名を挙げて記入するように確認した。

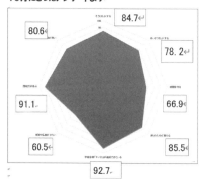

図2　学級力レーダーチャート

③ 生徒は，②で記入した内容を，Jamboardに入力した（図3）。ある生徒が入力するとすぐに，共有画面上でよい点が表示されていった。
④ 自分が入力した内容について，班メンバーに共有した。自分の頑張ったことも班メンバーから教えてもらえるため，非常に和やかに話し合いが進んでいった（図4）。

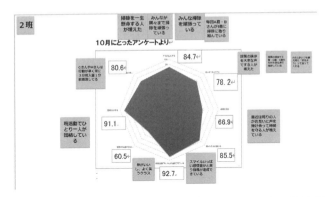

図3　Google Jamboard上で点数が上がった項目にその要因を記入

⑤　その後，全体発表をした。ここでは教員が特に全体の変容に関わるものを抽出した。

⑥　生徒はクラスの課題となる項目に目を向けた。⑤までに，よい点に注目して話し合いを進めていたため，課題にも自然に向かっていくことができた。生徒は解決策まで

図4　話し合いの様子

セットで考えた。その際，個人名を挙げないように指導した。この項目についてもワークシートに記入させた（図5）。ワークシートには，以前のレーダーチャートも載せているため，比較しながら考えることができた。

⑦　生徒は，⑥の内容を班内で共有した。私は⑧で行う全体発表に向けての準備もするように促した。

⑧　各班は，前回と今回との比較を通して，今の課題を発表した。

⑨　各班は，⑧で多くの意見が挙がった課題についての解決策を再度考えた。

　　その後，解決策をJamboardに記入した（図6）。私は，具体的な

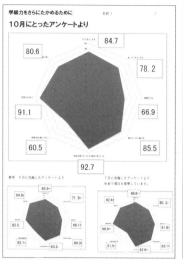

図5　ワークシート

　解決策を考えた班を指名し全体で共有した。生徒たちは解決策について，クラス全体で了解がとれるまで，話し合いを繰り返した。
⑩　最後に，これからの生活で意識したいことをJamboardに記入した。ここでは，クラスメイトの意見が参照できる。生徒たちは今後の行動改善を考えやすい様子であった。
⑪　生徒は現在の学級と4月時点の学級とを比較し（図7），できるようになったことをワークシート及びJamboardに記入した。私は，Jamboardに入力されたものをひとつずつ読んでいく。
　その際，教員の思いも加えながら生徒の考えを全体で共有し，授業を終了した。
　上記の流れで，生徒はクラスの成果や成長を可視化し，自ら課題を明確にして解決策を実行に移すことができた。

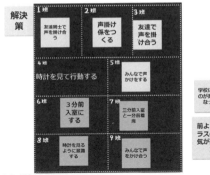

図6 これからの生活で意識したいこと　図7 現在の学級と4月時点の学級の比較

3 生徒・保護者の反応

　生徒からは,「現在のクラスの状況や状態が目に見えて分かる」「友だちとコミュニケーションも取れるし,自分の思っていることを共有できるのでもっとよいクラスになる」といった肯定的な意見が多く挙がった。

　私は,学級力を活用した授業を実施するたびに,学級通信を介して保護者の方にクラスの様子を発信していた。すると,お便りをもらえることが増えた。具体的には,「子どもが最近クラスのことについてよく話してくれる」「タブレットを持ってきて,こんなことをクラスの人に書いてもらったって嬉しそうに言うんです」などの意見が寄せられた。私は,クラスのことを自分たちで考えさせることを大切にすることで,私が考えた2つの目的を達成できたと考える。

おわりに

　本実践を通して,生徒が時間について声をかけ合うような変容が確実に見られるようになった。今までは,どこか受け身でクラスの問題にも他人事のように思っていた空気感が,「自分事」に少しずつ変わっていった実感がある。

生徒たちは，クラスメイトのよいところを探し，それをお互いに発表し合う中で相互理解が進み，生徒同士の関係性も強化された。その根拠の1つには，学級力を活用した話し合いの前に行うアンケート結果から認識することができる。学級力を活用した話し合いを楽しみにしている生徒は，事前に行うアンケート結果で，毎回90%を超えていた。つまり，生徒たちは話し合うことを楽しみながら，話し合いに参加していたのである。

　今回は，Googleフォームとスプレッドシート，Jamboardなどのアプリケーションを使用したことで，今までより短い時間で実践を行うことができた。本校は，大規模校であるため，他学級にどのように浸透させていくかが今後の課題である。

> 実践事例 8

ロイロノートとテキストマイニングを活用した学級の「見える化」

成瀬雄志　　［小学校高学年］

はじめに

① 取組のきっかけ

　4年前に出会った学級力向上プロジェクト。「こんなもので子どもたちが変わるわけない」と思いながらも先輩の勧めもあり，とりあえず取組を始めることにした。その結果，今では少しずつであるが，子どもたちもそして私自身も変わってきたように感じている。

　各学級では，「次のレーダーチャート，ちゃんと上がるかな」「今月は，いっぱいハンドサインも使ったし，学習は上がると思う」など学級力レーダーチャートに関わる話題が学級の子どもたち同士の会話で多く聞かれるようになった。

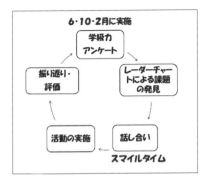

図1　知立西小学校の学級力向上プロジェクト R-PDCA サイクル

② 学校中への広がり

　2019年度，教務主任，そして数名の教員を中心に知立西小学校の学級力向上プロジェクトがスタートした（図1）。最初はなかなか学校中に広がらなかったが，主題研究の手立てに学級力を取り入れたり，現職教育で学級力の研修会を行ったりすることを続けた。4年間かけて少しずつ裾野が広がり，3年目には

「やっていて当たり前」というところまで展開することができた（図2）。その結果、今では、どの学級にも、学級力レーダーチャートの掲示が習慣化された（図3）。

1年目	「匂わせる」
2年目	「広がったらいいな」
3年目	「やっていて当たり前」
4年目	「なにか新しいことを」

図2 知立西小学校の学級力向上プロジェクト4年間の歩み

③ 新しいことへのチャレンジ

学級力向上プロジェクトが当たり前になった4年目（2022年度）は、本校の教職員間で「さらに新しいものができないか」と考えるようになった。そこで、若手有志の協力もあり、「ロイロノートのアンケート機能」と、「テキストマイニングを活用した話し合い」の2つを活用した学級力向上プロジェクトの実践を始めることにした。

図3 学級に掲示してある学級力レーダーチャート

1 ロイロノートのアンケート機能を活用したおてがる学級力

① 学級力アンケートの課題

この4年間で、多くの先生方から「もう少しやりたいタイミングで簡単にできないのか」「集計をしてから子どもたちに見せるまでに時間がかかる」などの要望や意見が聞かれた。そこで、個々のタイミングですぐに行い、子どもたちに即提示できる「おてがるな学級力アンケート」ができないかと考え、ロイロノートアンケート機能を活用した「ミニ学級力アンケート」の実践に取り組むこととした。

② ロイロノートのアンケート機能を活用した「ミニ学級力アンケート」のつくり方

ロイロノートのアンケート機能を活用した「ミニ学級力アンケート」は，ロイロノートのアンケート機能を利用する。作成方法は，①アイコンの中のテストをタップする，②アンケートの作成を選択し，必要な項目を入力する。この手順で行うと，図4のように簡単にアンケートを作成することができる。集計もすぐに行うことができるので，話し合いたい内容が決まってから，集計を提示するまでの時間がとても短くなった。また，集計結果をすぐにモニターに映すことができるのも利点である。初めは教員がアンケートを作成し，子どもに回答してもらったが，子どもたちに作成の仕方を教えると，自分たちでアンケート作成を行い，集計結果を基に自分たちで話し合いまで行うことができた。子どもたちが中心となってアンケートをつくり，学級についての話し合いを行うことで，どの子も主体的に話し合いをすることができた（図5）。

アンケートの結果を基にして，「今月はやさしい言葉が多く使えるといいよね」「ふわふわ言葉をたくさん使おう」などと，学級で話し合う様子が見られた。

図4 ロイロノートアンケートを活用した「ミニ学級力アンケート」

図5 アンケートを基に話し合う子どもたち

課題としては，アンケートの内容によっては回答が散らばりすぎてしまい，話し合いの材料にならないことがあった。ロイロノートのアンケート機能を使うと，簡単に早く子どもに結果を伝えられるが，集計結果を教員が確認する前に子どもに掲示することになる。そのため，アンケートを回答させる際，主語は「みんな」であることや，個人名を出さないなどの留意点を十分に伝える必要がある。

2 テキストマイニングを活用した学級のよさと，課題の共有の進め方

① 現スマイルタイム（学級会）の課題

　子どもたちが話し合うスマイルタイム（学級会）。日を重ねるたびに，学級のよさや課題について話し合う姿が活発になってくる。子どもたちも「自分たちの学級をよくしたい」「さらに学級力のレーダーチャートを大きくしたい」とやる気になってくれる。最初は，教員が「〇〇の項目を上げるにはどうしたらいいと思う？」などと話題を出していたスマイルタイムも10月には，子どもたち主体で話し合いが進むようになった。

　一方，「高学年で時間を取ることができない」「事前に，話し合いの内容を焦点化させたい」などの教員の不満も多く聞かれるようになり，課題が見えてきた。そこで，スマイルタイムの話し合いがスムーズに行えるよう，学級のよさや課題を事前に「見える化」することはできないかと考え，「テキストマイニング」を活用した実践に取り組んだ。

② テキストマイニングを活用した学級のよさ・課題の「見える化」

　これまでのスマイルタイム（学級会）では，レーダーチャートを基に，これから意識して上げたい項目についての話し合いを行った。子どもたちはさまざまな視点から学級の課題を捉え，改善点をワークシートに書き込んでいた。しかし，話し合いが進むにつれて様々な意見が出てくるため，子どもたちの思いをまとめていくことに難しさがあった。そこで，なるべく多くの子どもたちの思いをレーダーチャートから拾い上げ，反

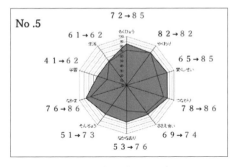

図6 第5回目の学級力レーダーチャート

映させたいと考え，テキストマイニングを活用することにした。

図6は第5回の学級力レーダーチャートである。従来通りのアンケートを行った後，子どもたちにタブレット端末でレーダーチャートの結果を踏まえての課題について意見を出させた。子どもたちの記述には，「総合の学習で習ったことを生かして節水活動に取り組むことで生活のレベルアップにつなげたい」「聞くしせいは今までずっと意識してきた項目だから85まで上がって嬉しい」「学習やつながりにも関係してくる部分だからこれからも大切にしたい」などと，今の学級の現状的確に捉えた意見が多く出された。

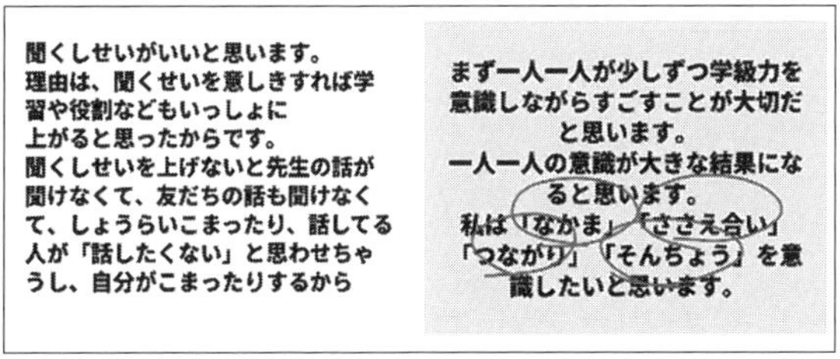

図7 テキストマイニングに打ち込んだ子どもたちの意見

すべての意見が提出されたのち，テキストマイニングに子どもたちからの意見を打ち込んで，データ分析を行った（図7）。その分析結果が図8である。子どもたちが課題として捉え，文章に多く書か

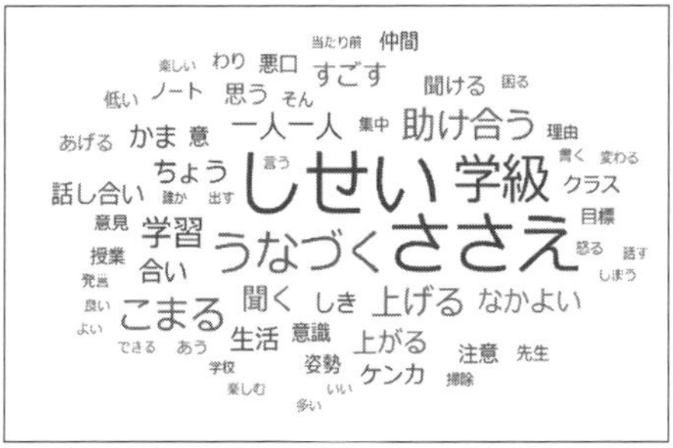

図8 学級のテキストマイニングの結果

れた文字が大きく表れる仕組みになっている。学級会でこの分析結果をモニターに映し出すと「しせいを意識して頑張ってきたけど，まだまだ上を目指したいという人がたくさんいるね」「ささえ合いが大きい理由はなんだろう」「運動会が近いからささえ合いが必要なのかな」などのつぶやきがあり，テキストマイニングの結果を基にした話し合いを進める効果を感じた。テキストマイニングを活用することで短い時間で学級の考えを共有することができ，自分にない視点にも気がつくことができた。

おわりに

　今回の実践の1つ目であるロイロノートを活用した「ミニ学級力アンケート」では，簡単にその場でアンケートを行うことができ，結果もすぐに提示することができた。その結果，子どもたちはすぐに今の点数を確認でき，なにが学級のよいところでなにが課題かについてすぐに話し合うことができた。

　また，テキストマイニングを活用した学級のよさ・課題の「見える化」では，文字の大きさで子どもたちの発言量が分かるため，子ども同士は，テキストマイニングで出てきた「しせい」「うなずく」などのキーワードを基にしてスムーズに話し合うことができた（図9）。自分の提出した言葉が大きな文字で表示されると，みんなと同じ考えだった喜びからうれしそうにしている姿が多く見られた。今後も，1人1台タブレットで子どもたち一人ひとりが主役になれるような実践を考えていきたい。

図9　学級の課題について話し合う子どもたち

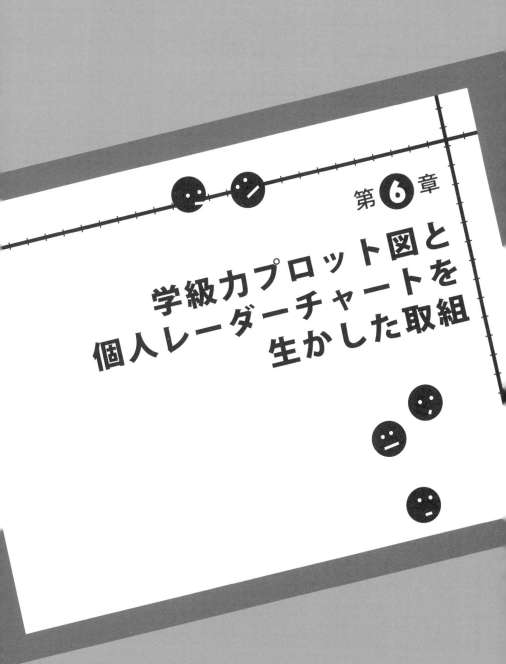

第6章
学級力プロット図と個人レーダーチャートを生かした取組

実践事例

子どもの不安や不満が「見える」

学級力プロット図と
個人レーダーチャート

宇都　亨　　　　　　　［小学校5年］

はじめに

　学級力プロット図と個人レーダーチャートの1番の利点は，子どもの不安や不満が「見える」ということである。教室の子どもたちの顔を思い浮かべてほしい。その中にはきっと，自分の思いを言葉や態度で表すことが苦手な子がいるはずである。そのような子どもたちの不安や不満はなかなか見えてこない。しかし，その子たちもきっと「こうなったらいいな」「こうしてほしいな」という願いを持っているはずである。

　学級力プロット図と個人レーダーチャートを見ると，不安や不満を抱いている子，つまり，適切な支援を必要としている子が見えてくる。学級力プロット図と個人レーダーチャートには，子どもたちの心の声が表れるのである。

1 学級力プロット図の見方

　学級力アンケートの回答を入力すると，学級力レーダーチャートに加えて図1のような学級力プロット図が完成する。各象限にいる子は，図2のような立場にあると考えられる。

　学級力アンケートは，児童が学級全体を評価したものである。一方，「課題のある子どもたちは自分の学級の中での不安や不満，心配な気持ちを反映させて，学級の様子を主観的・客観的に評価する傾向がある」[1]ことへの指摘には，私のこれまでの実践を通して強く実感している。つ

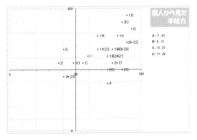

図1 学級力プロット図　　図2 各象限の意味

まり，第2～第4象限にいる子どもは，なんらかの不安や不満を抱えており，支援を必要としている子どもと判断することができる。

2 個人レーダーチャートと個別の支援

特に第3象限にいる子は，学級への満足度がかなり低く，早急に適切な支援を必要としていると考えてよい。このような時，私は次のような手順を踏んでいる。

① 個人レーダーチャートの確認

第3象限にいる子は，複数の項目で低評価を付けている。その子が学級のどこに不安や不満をもっているのかを把握することが，支援のための第一歩となる。5年生時に担任した児童Aは，図3の学級力プロット図では，第3象限にいた。図4の個人レーダーチャートは，その時の児童Aのものである。

⑪尊重と⑬学習に関する項目で低評価を付けていることから，児童Aは学習と友人関係に不安や不満を抱いていることが推測された。

② 原因の把握

個人レーダーチャートから低評価の項目を確認したら，その原因を探る。担任であれば，日々の様子から思い当たる点があるかもしれない。このような時，私は本人と直接話をすることが多い。「学級力アンケート

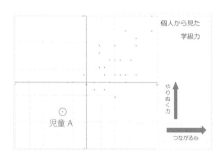

図3 第3象限にいる児童A　　図4 児童Aの個人内チャート
（実線が今回，破線が前回の値）

で尊重の項目に低い点を付けていたけど，なにか気になることはある？」などと声をかけると，大抵その理由を話してくれる。

児童Aに声をかけたところ，習い事の進学塾で思うような成績が得られないことや，そのイライラが日常生活にも影響し，友だちとのトラブルが増えていることが分かった。

③ 具体的な支援へ

私は，児童Aの話をしっかりと聞き，本人の状況を整理した後，今後の過ごし方について一緒に話し合った。本人の思いや頑張りを認めた上で，友だちとのトラブルに関しては具体的な解決方法を指導した。習い事に関しては，個人懇談で保護者にその様子を伝えることができた。本人の努力もあり，児童Aは少しずつ落ち着きを取り戻した。

このように，第3象限にいる子は，なんらかの不安や不満を抱えており，早急に支援を必要としていると考えてよい。

3 様々な活用方法

①「意外な子」を把握すること

学級力プロット図から支援の必要な子を読み取る時，担任として「やっぱり…」と感じる子と，「あれ？　どうして？」と感じる子の2つのパターンがある。先ほど例に挙げた児童Aは前者であった。今度は，

「あれ？ どうしてこの子がこの位置にいるのだろう…」と感じた児童Bの例を紹介する。

5年生の児童Bは，真面目にていねいに学習に取り組んでおり，係や委員会の仕事にも責任をもって取り組んでいた。学級全体の中で意見を言うことはほとんどなかったが，友だち関係も安定しているように見え，特に気になる様子はなかった。児童Bは，第4象限（図5）におり，個人レーダーチャートを見ると，主に学級の規律（とくに⑬の学習と⑭の生活）に関して低い評価を付けていた（図6）。

児童Bに話を聞くと，授業中の他の児童の発言の仕方や学習態度に不満をもっていることが分かった。全体で声を上げることの少ない児童であったため，学級力プロット図と個人レーダーチャートがなければ，児童Bの思いに気づくのが遅れていたかもしれない。これも，学級力アンケートと学級力プロット図，個人レーダーチャートの力である。

私は，児童Bの意見は，学級全体の問題でもあると考えた。そこで，学級全体のルールを再度子どもたちと考える機会を設けることにした。学級力プロット図と個人レーダーチャートを利用することで，普段の学校生活では表面化しにくい子の不安や不満にも気づくことができる。

②「気になる子」を追うこと

学級力プロット図と個人レーダーチャートを利用すれば，個人の状況を継続して追うことができる。「気になる子」の現状を追うことも，学級

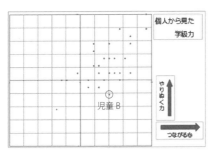

図5　第4象限にいる児童B

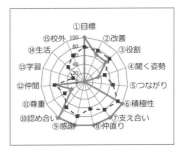

図6　児童Bの個人内チャート
（実線が今回，破線が前回の値）

経営を行う上でとても有効である。

　図7は，5年生で担任をした児童Cの1年間の経過を示したものである。グラフの縦軸は「やりぬく力」（④〜⑫），横軸は「つながる力」（①〜③，⑬〜⑮）の平均値である。クラス替えで仲のよい友だちと離れてしまった児童Cは，新しい

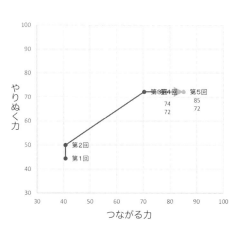

図7　児童Cの1年間の経過

クラスでなかなか友だちの輪が広がらなかった。その不安が第1回と第2回のアンケート結果に表れていた。

　児童Cは，自分から声をかけていくことが苦手で，話しかけられても上手に言葉が返せないという悩みを持っていた。担任である私は，毎日，児童Cとコミュニケーションをとり，悩みを共有しながら解決方法を一緒に調べたり，実行したりすることにした。私は，児童Cと仲良くなれそうな子に声をかけたり，席替えや授業のグループ編成を工夫したりするなどの支援を行った。

　その結果，少しずつではあったが，児童Cの友人関係が広がっていった。学級力プロット図の中の位置が次第に右上へ移動した軌跡は，児童Cの心の安定と言える。

4　注意点

　学級力アンケートで「4（よくあてはまる）」ばかり付けている子にも注意が必要である。常に「4」を付けている子は，プロット図では1番右上に位置することになるが，アンケート項目の内容を深く考えず，適

当に数値を付けている可能性があるからである。学級力プロット図や個人レーダーチャートは児童が真剣に考えて答えていることを前提にしている。そのため，アンケートを実施する際には，この回答は成績には関係がないこと，アンケート結果は匿名で示されること，一人ひとりの意見が学級づくりには大切であることなどを子どもたちに話すとよい。ずっと「4」が続く子どもがいれば，課題のある子が位置する象限にいる子どもと同様に「困っていることはない？」と声をかけたい。

まとめ

　私たち担任は，子どもの表情や行動など，ちょっとした違和感から子どもたちのSOSに気づくことも多い。それは，経験とともについてくる「子どもを見る力」である。その一方，子どもたちは私たち教員には見せない顔も持っている。どんなに経験を積んでも，すべての子どもの胸の内を知ることは難しい。

　学級力プロット図や個人レーダーチャートは，子どもの胸の内を知るための大きな手掛かりになる。学級力プロット図には，課題のある子や支援を必要としている子などが可視化される。普段の「担任の観察力」に加えて，学級力プロット図という「もう1つの目」を利用することで，より多面的に子どもたちを見ることができる。ぜひとも，学級力プロット図と個人レーダーチャートの両方を活用して，辛い思いをしている子やさみしい思いをしている子に寄り添ってほしい。

　学級力プロット図と個人レーダーチャートは，子どもたちが「明日も行きたい」と思えるような学級をつくるための大きな力となる。

参考文献
1）　今宮信吾・田中博之（編著）『NEW 学級力向上プロジェクト：小中学校のクラスが変わる　学級力プロット図誕生！』金子書房，2021，p.9

実践事例 10

個の輝きが生み出す居心地のよい学級

兼松健太郎　　　　［中学校2年］

はじめに

　内閣府実施の「こども・若者の意識と生活に関する調査」（令和4年度）によると，中学生を含む子どもが安心できる場所として，「家庭」「学校」「地域」「インターネット空間」などが挙げられている。それぞれの最近の調査結果の数値を比較すると「学校」が最も低く49.9％となっている。言い換えれば，約半数の生徒が「学校は安心できない場所である」と感じているということだ。

　学級力向上プロジェクトは，そのような大切な時期を生きる子どもたちに効果的な手法であると考える。生徒たちが主体的に，様々な対話を通して支持的風土のある学級を醸成していくことは，子どもたちの安心感につながるのではないだろうか。ただし，漠然と学級全体に目を向けてしまうと，生徒個人の感情にアプローチできなくなってしまうことも考えられる。学級は，「個」の集まりで成り立っている。そこで，学級力プロット図と個人レーダーチャートを用いて，「個」の力の高まりが学級全体へよい影響を与えた一実践（中学2年生）を紹介したい。

1 学級力プロット図を用いた実践

① 学級力プロット図は学級づくりに欠かせない

　中学校学習指導要領特別活動編において「学級活動の目標」は，次の

通り定義されている。

> 学級や学校での生活をよりよくするための課題を見いだし，解決するために話し合い，合意形成し，役割を分担して協力して実践したり，学級での話し合いを生かして自己の課題の解決及び将来の生き方を描くために意思決定して実践したりすることに，自主的，実践的に取り組むことを通して，第1の目標に掲げる資質・能力を育成することを目指す。(152ページ)

　また，解説では，学級活動を含む特別活動が果たす役割には，生徒の「人間関係形成」「社会参画」「自己実現」であると整理されている。
　学級力プロット図は，横軸が「つながる心」，縦軸が「やりぬく力」を表しており，それはそのまま「人間関係形成」と「自己実現」につながる。そして，それらの力を高めることで，個が学級に深く関与（=「社会参画」）していくことになるのではないだろうか。

② 個へのアプローチ
(1) 第1回学級力レーダーチャート（5月下旬）
　4月に2年生に進級した生徒たちは5月に自然教室に参加した。私は，その行事の後，学級力アンケートを実施し，学級の状態を確かめることとした。これまでの生徒たちは，学級の状態を「なんとなく」見ていたり，「学級はこうあるべきだ」という固定観念を持っていたりした。

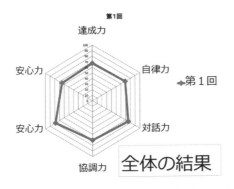

	第1回
達成力	67
自律力	69
対話力	75
協調力	71
安心力	79
規律力	65

図1　学級力レーダーチャートと各項目の数値

そのような思いを持った生徒であっても，アンケート結果で可視化された学級力レーダーチャート（図1）を基に，それぞれが意見を出し，仲間の思いを認め合うことで，よりよい学級づくりについて考えることができていた。

教　員：特にどの項目に注目しましたか。 生徒Ａ：達成力は学級内の様々な活動をしっかりと行えば自然と上がると思います。ただ，対話力や協調力は自分一人では上げることが難しいと思います。 生徒Ｂ：協調力の「支え合い」を上げれば，規律力の「学習」も上がるのではないでしょうか。 教　員：では，具体的にどのような活動をしたらよいでしょうか。 生徒Ａ：毎日，日直が帰りに1日の学習の振り返りをすればよいと思います。

　このような話し合いが行われ，学級全体の活動内容が決まった。より効果を上げるには生徒個々にも目を向ける必要がある。
(2) 学級力プロット図の活用
　レーダーチャートに基づく話し合いによって，学級の傾向をつかんだ生徒たちは，自分たちで決めた活動（日直が帰りに1日の学習の振り返りを行うこと）を実行した。私は，この活動の効果の質を高めるために，学級力プロット図（図2）の確認を行った。すると，2名の生徒がそれ

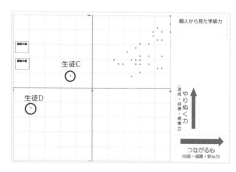

図2　学級力プロット図

ぞれ第2象限と第3象限に存在することが分かった。

　そこで私は，2名の生徒に話を聞いてみた。まずは，第2象限にいる生徒Cと話をした。生徒Cは，教科の授業中や学活での話し合い活動をする際に「自分の考えは持てているが，自信がないため発言できない」とのことだった。一方で，第3象限にいる生徒Dは，「勉強が苦手で，話し合いの内容を理解するのに時間がかかってしまう」と述べた。そこで，私は次のように担任としてそれぞれの特性に適した指導を行うこととした。

〈生徒Cに対して〉

　・発言以外の活動をほめることで自己肯定感を高める。

　　　→生徒Cは，清掃に一生懸命取り組む生徒であった。私は，常に「すごいきれいになったね」「他の子にも教えてあげて」と声をかけ続けた。

〈生徒Dに対して〉

　・過去の学習につまずきが見られたため，現在学んでいることと既習事項が結びつくような声かけをする。

　　　→1日の学習を振り返る際，日直に対しては，「前に習ったこととどんな関係があるかな」「苦手な子に説明するにはどうしたらよいかな」と質問をした。その後，生徒Dには，個別に「今日の振り返りでどこが分からなかったかな」「今日の振り返りを自分の言葉で説明できるかな」という問いかけを続けた。すると，「話し合いにうまく参加できてうれしかったです。勉強をがんばりたいです」という日記が見られるようになった。

(3) 個人レーダーチャートの活用

　ここまでの実践内容は「生徒がレーダーチャートで学級の状態を俯瞰する」「担任が気になる生徒のために働きかけを行う」というものだ。これは学級力を向上させるためには欠かせないものであるが，さらによい学級づくりを行うためには，「生徒が学級に対して他人事にならない」ということが大切だと考える。つまり，一人ひとりの生徒が「現在，自分

は学級にどのような影響をもたらしており，今後どうすべきか」を考える必要があるということだ。私は全体での話し合いの後，個々が自分の生活を振り返る時間を設けた。活用したのが個人レーダーチャート（図3）である。

個人レーダーチャートは，自分自身が答えたアンケート結果が学級全体の数値と比較する形で表される。全体と自分の結果を比較・分析することで，生徒たちは全体のレーダーチャートからは見えてこなかった，「学級内での自分の姿」を客観的に捉えることができる。今回は，学級で決めた目標である「協調力を上げる」ために，「なにができていてなにができていないのか」を振り返る時間を設けることで，生徒は学級を自分事として捉えることができるようになっていった。

生徒Aの分析結果の記述には，図4左のような考えが見られた。

なお個人レーダーチャートや個票を生徒に見せる際には，課題のある生徒の心情に十分配慮する必要がある。

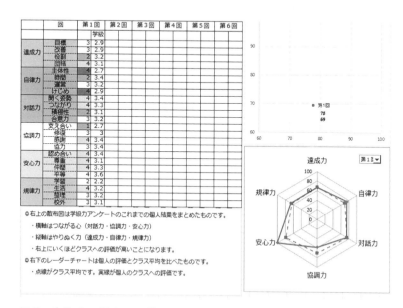

図3　生徒Aの個人レーダーチャート

・学級力を高めるためには，もっと友だちと関わり合う必要があると思った。
・対話はできているから，伝わりやすさを意識したい。

図4　生徒Aの個人レーダーチャートの分析

2 学級力向上プロジェクトの魅力

　学級力向上プロジェクトは「生徒が主役の学級づくり」の実現を目指す上で大切なことに気づかせてくれる。生徒全員にアンケートをとり，レーダーチャートで学級の状態を視覚化することで生徒たちは根拠を持って学級を語るようになった。また，担任は学級力プロット図を，生徒は個人レーダーチャートを活用することで，埋没してしまいがちな「個」の成長までも促すことができる。

　本実践を通して，学級の状態は図5のように変容を遂げた。

　私は，生徒個人の輝きを生み出すことで，学級全体の輝きが生まれることを意識している。私は，これからもその意識を常に持ち，誰もが活躍し，認め合うことで生まれる居心地のよい学級にしたい。

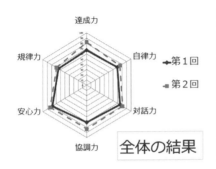

	第1回	第2回
達成力	67	82
自律力	69	75
対話力	75	81
協調力	71	84
安心力	79	84
規律力	65	69

図5　変容した学級力

はがき新聞で自尊感情と共創意識を育む

今宮信吾

はじめに

　GIGAスクール構想が示され，ICT活用が推進される中，ますます学校現場のみならず，社会全体としてデジタル化が進むことは明確である。そのような状況において，手書きで文字を書くことの意義はどのようなことであろうか。

　ダブレットが学校に導入されたことにより，作文という概念が2つに分かれたと認識している。それは文字を「書く」という作文と文字を「打つ」という作文が生まれたことである。この「書く」と「打つ」には，違いが生じる。どのような違いが生まれるのか表にまとめてみた。どちらにも共通に用いられるものもあるが，より強調されるのはどちらかを考えて分類してみた。

表1　文章作成におけるアナログとデジタルの比較

創作過程	アナログ	デジタル
取材	取材メモ，フィールドワーク	インターネット，生成型AI
構想	構想メモ，文字記述による書き込みワークシート	メモ貼り付け機能，コピーアンドペースト
記述	筆記用具による手書き	ペン機能，キーボード入力による打ち込み
推敲	文字や音声による伝え合い，付箋活用による伝達	共同閲覧機能，相互伝達機能

　これらの違いは，どちらが有効かという点を考慮しながら文章創作に

生かしていくことになるが，子どもたちの思考過程に影響があることは想定できる。アナログかデジタルかという二者択一で考えることのないようにしたい。ハイブリッドでの活用を期待する。

1 はがき新聞を「書く」ことで高まる自尊感情

「書く」という行為は，「打つ」という行為に比べて，時間がかかる。その時間の意味が思考と感情にどのように関係するのだろうか。「書く」ことによって，立ち止まりながら，振り返りながら文章を作成することになる。文字を消しながら書き直すという行為は，「打つ」ことでも可能であるが，可視化に時間がかかることによって，自分というものを見つめる時間は「書く」行為の方が大きくなるのではないだろうか。また，自分を見つめる時間と回数が多くなることによって，自分の価値を考える意味も見えてくるのではないだろうか。生活綴り方の実践において「鉛筆対談」というものがある。二人組になって互いに思うことを音声で話すように書くという実践である。デジタルで言うとチャットやラインなどの機能である。文字として可視化するまでの時間を考えると，「書く」という行為は時間がかかる分，自尊感情を高めやすくセルフリフレクションの時間が確保しやすいと言える。

2 はがき新聞を読み合うことで育む共創意識

はがき新聞を創作することと学級力向上という視点との接点は，互いにオリジナルなものをつくり出すという共創意識であると捉えている。学級というオリジナルの文化の創出とはがき新聞というオリジナルな考えや想いを読み合い，伝え合うことによって，互いの大切さや互いの違いを価値として認め合えるのではないだろうか。学級力向上プロジェク

トにおけるR-PDCAサイクルのすべての過程において，読み合うという視点を取り込むことができる。

表2　はがき新聞活用における「R-PDCA」サイクル

R：他者理解のために自己開示されたはがき新聞
P：活動計画のためのアイディアや目的を伝達するためのはがき新聞
D：活動報告と活動促進のためのはがき新聞
C：自己評価と他者評価を含めた活動を振り返るためのはがき新聞
A：自己調整を表明するためのはがき新聞

おわりに

　学級力向上におけるはがき新聞の活用として，互いを認知しながら自尊感情を高めることを大切にしたい。そのためには，はがき新聞を書くだけに終わらせないということが重要になる。一人で書き上げるということだけに価値を置くのではなく，1枚のはがき新聞をみんなで書き上げるという視点も持っていたい。ともにつくっていくという意識と経験は，これからの世の中を生きていく子どもたちにとっては不可欠な資質・能力である。SNSなどによることばの負の働きが危惧される中，互いを尊重する姿勢が学級力向上において必要な視点となるであろう。

第**7**章

応用実践編

学級力向上
プロジェクトを
こう発展させる！

実践事例

若手教員の学級マネジメント力を校内研修で伸ばす

安部　徹

1 問題の所在と目的

　教育課題が多様化，複雑化する中で，教員の大量退職や大量採用が続いている。そのため，経験年数の均衡の崩れが起こり，若手教員の育成が喫緊の課題となっている。そうした若手教員に対して，先輩教員がOJTを実施するが，こうしたOJTにおいて若手教員は受け身になりがちである。その育成の質は，指導教員の力量に大きく左右される。

　公立小学校では，採用後すぐに学級担任をしながら学級マネジメント力を高めなければならないことが多いが，学級マネジメント力を高める前に，学級の荒れが起こってしまうこともしばしばである。

　現場においては，学級経営を学ぶ機会というのは，実は不足しているというのが現実なのではないだろうか。先輩教員の授業を参観したり，逆に参観してもらったりする機会は確保されているものの，授業以外の学級経営に関わる指導を参観して，または参観してもらって学ぶという機会は少ないというのが現状なのではないだろうか。

　そこで私は，校内ミドルリーダーとして若手教員が主体的に学ぶためには，若手教員同士で学び合う場が必要であると考えた。そして学級マネジメント力の育成こそが大きな課題であることを踏まえ，若手教員同士で学級経営をテーマにして，学び合う場を設定することにした。

　また，若手教員同士の学び合いを活性化させるとともに，若手教員一人ひとりの学びを支援する役割が必要であると考え，中堅，ベテラン教員をメンターとして設定した。本校では，複数の若手教員とメンターと

❼ 応用実践編 学級力向上プロジェクトをこう発展させる！

110

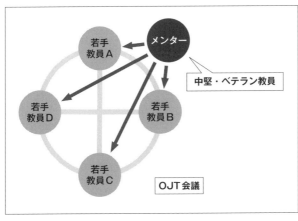

図1 チームOJTイメージ

が集まって学び合うOJT会議と、メンターによる日常的な若手教員への支援を「チームOJT」と呼び、実践研究を行った（図1）。

2 チームOJTの方法

① チームOJT参加者
チームOJT参加者を表1に示す。

② 実践期間　　2021年6月中旬〜2022年2月下旬

③ 本実践で活用した先行研究
・「学級マネジメント力チェックシート」（田中, 2014)[1]
・「学級力向上プロジェクト」（田中, 2018)[2]

表1　チームOJT参加者一覧表

	メンター（筆者）	A教諭	B教諭	C教諭	D教諭
担任学年		1年	2年	2年	3年
児童数		32名	30名	29名	31名
年次	18年目	初任者	産休代替	2年目	2年目
備考	3校目勤務，現任校勤務10年目（主幹教諭6年目）	前年度に他校にて産休代替を経験（1年生担任）	前年度に現所属校にて教育実習生の実習指導を経験	採用前に，他校にて産休代替を経験	採用前に，他校にて産休代替を経験

3 チームOJT会議の実践内容

①チームOJT会議の概要

(1) チームOJT会議（全6回）の主な内容

①第1回（6月中旬）　オリエンテーション

②第2回（9月初旬）　1学期の個別の取組の成果と課題の交流

③第3回（10月下旬）　2学期前半の取組の個別の成果と課題の交流

④第4回（11月中旬）　2学期前半の4名に共通する課題についての協議

⑤第5回（12月下旬）　2学期後半の個別の成果と課題の交流，4名に共通する課題についての協議

⑥第6回（2月下旬）　個別課題についての協議

(2) 時間　1回45分〜60分

(3) チームOJT会議の基本的な流れ

①各自の成果と課題報告

黒島（2018）[3] 考案のセルフマネジメントシート（図2）を筆者が改良・使用した。各メンバーには，そのシートに事前に記入してもらい，チームOJT会議の際に参加者全員で共有できるようにした。セルフマネジメントシートの上段には，学級力レーダーチャートがある。各メンバーは，学級で重点を置いた項目と実施したスマイル・アクション，取組の成果と課題を記入した。

中段には，学級マネジメント力レーダーチャートがあり，学級経営上で重点を置いた領域と実施した取組，その成果と課題を記入させた。下段には，2つのグラフを比較した考察を書ける構成になっている。チームOJT会議では，1人ずつ取組内容やその成果と課題の報告を行った。発表を聞く側は，取組内容や成果，課題について質問や感想を述べた。

②協議

成果と課題の報告の後は，テーマを決めて，今後の取組についての協議を行った。第4回と5回は，若手教員4人分のそれぞれの結果を平均

化した学級マネジメント力レーダーチャートを作成した。そのレーダーチャートを見て，チームとして特に数値が低い小領域（C-2 豊かなコミュニケーション）や数値が伸びた小領域（A-1 目標を決めて達成させる）を取り上げ，数値をさらに上げるための方策や取組などについての協議を行った。たとえば，数値が低い小領域（C-2 豊かなコミュニケーション）についての協議ではO児童とコミュニケーションを図ることができる場面が，いくつもあることを確認

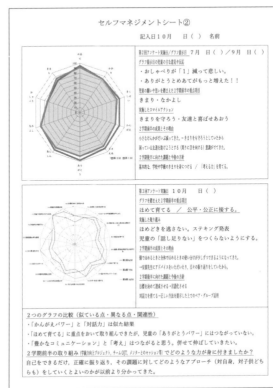

図2　セルフマネジメントシート

図3　チームOJT会議の様子

した。また，そうした場面でどのように児童とコミュニケーションをとっていけばよいのかについて意見交換することで，次回のチームOJT

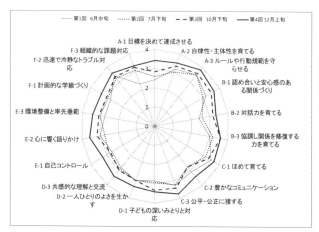

図4 チーム全体の学級マネジメントカレーダーチャート

表2 共通課題とした領域の値の変化

	6月中旬	7月下旬	10月中旬	12月上旬
「C-2豊かなコミュニケーション」の平均	3.08	▼2.75	2.75	△3.42
A教諭	2.33	▼2.67	2.67	△3.33
B教諭	3.67	▼3	▼2.67	△3.33
C教諭	3	▼2.67	△3.33	△3.67
D教諭	3.33	▼2.67	▼2.33	△3.33
「A-1目標を決めて達成させる」の平均	2.42	△2.58	△2.83	△3.42
A教諭	2	△2.33	△2.67	△3
B教諭	2.33	2.33	△2.67	△3.33
C教諭	2.33	△3	3	△3.67
D教諭	3	▼2.67	△3	△3.67

(△上昇 ▼下降)

会議までの具体的な課題を立てた。

4 結果と考察

① 学級マネジメントカレーダーチャート結果に基づく考察

　第3回目までは，それぞれの取組の成果や課題の報告に終始し，学び

合いが深まることがなかった。そこで，第4回からは，自分自身の学級経営やお互いの学級経営について「知る」段階から，「ともに考える」段階にする必要があると考え，チームとしての共通の課題項目を設定することとした。

　10月下旬のアンケートでは，3名が低い自己評価をしており，平均値は2.75で，すべての項目の中で最も低い値であった（図4・表2）。

　そこで，11月中旬の第4回チームOJT会議では，共通の課題項目は，「C-2 豊かなコミュニケーション」領域とした。実際には，「C-2 豊かなコミュニケーション」の意義や自己評価が低い要因，その改善策について議論した。その後，若手教員は，それぞれが具体的な取組を行うことを継続した。その結果，12月上旬のアンケートでは，平均値が3.42まで上昇した（図4・表2）。

② チームOJTに関する事後アンケート結果に基づく考察

　表3のアンケート項目1から4は，全員が④または③を選択していることから，若手教員の実感としては，チームOJTが学級経営力の向上に一定の効果をもたらしたと言えるのではないだろうか。一方，同表のア

表3　チームOJTに関する事後アンケート結果（一部抜粋）

①そう思わない　②あまりそう思わない ③ややそう思う　④そう思う	①	②	③	④
1 チームOJT会議の学び合いは，自分自身の学級経営力の向上につながったか。				4
2 学級マネジメント力チェックシートや学級力向上プロジェクトの活用は，学び合いに有効であったか。			1	3
3 メンターの行うチームOJT会議でのファシリテーションは，効果的であったか			2	2
4 メンターによる観察，面談は学級経営力向上に効果があったか。			1	3
5 チームOJT会議は，メンバーの学習指導や生活指導，特別活動の様子を観察するという行動につながったか。	1	1	2	
6 チームOJT会議は，チームOJT会議外での質疑応答，感想交流，助言につながったか。	1		3	

115

ンケート項目5と6の結果からも分かるように，チームOJT会議が
チームOJT会議以外の場での学び合いに十分に発展していなかった点
は，今後の課題である。たとえば，教務と連携して，チームOJT会議外
でもお互いに授業を観察できる時間を捻出していくことなどが必要であ
る。

5 成果と課題

　今回のチームOJT会議を通じて，若手教員が，学級マネジメント力
チェックシートや学級力向上プロジェクトを活用することで，自分が担
任する学級状態や，自身の学級経営の状態をセルフアセスメントしなが
ら，重要な課題を焦点化し，適切な対応策を考え，実施することができ
た。今回のように，本校では，若手と中堅，ベテラン教諭によるチーム
を編成し，お互いの成果と課題を交流することで，学び合いながら学級
マネジメント力を向上させることができたと言える。

　6回のチームOJT会議において最も協議が深まったのは，若手教員
に共通する課題に関して協議した4回目であった。今後は，共通する課
題を設定しつつも，若手教員一人ひとりがもつ個別の課題について，自
分事として捉えて意見を述べ合い，協議を深めさせたい。年度の前半は，
共通課題を扱いながら，年度の後半には，個別の課題をそれぞれが開示
し，チームで協議していくことができれば，メンバー一人ひとりの学び
がさらに深まることが期待できる。

参考文献
1）田中博之（編著）『学級力向上プロジェクト』金子書房，2013
2）3）田中博之（編著）『若手教員の学級マネジメント力が伸びる！学級力向上
　　プロジェクト教員研修編』金子書房，2018
　　＊3）は上掲書の46ページを参照

実践事例 12

校内スキルアップ研修で教員の学級経営力を高める

藤井幸一

1 教員の学級経営力を高めるには

　教員の学級経営力を高めるには、自分のことを知ることが大切であると考える。なぜなら自分自身を知ること、すなわち、自分の特性や強みを理解した上で教育実践を展開することが、日々活躍できる姿へと変容する教員の条件であると考えるからだ。そのためにはまず自己分析力を身に付ける必要がある。つまり、一人ひとりがR-PDCAサイクルを通して、自己分析したり、自分の成長過程を振り返ったりすることが大切である。

　そこで私は、校内の教員を対象とし、それぞれにとって必要な力を考えたり、内省を通して次に高める力を設定したりしながら学級経営を展開することが、一人ひとりの学級経営力を高める最適な方法だと思い、実践を行った。

2 学級マネジメント力セルフチェックシート及びレーダーチャート作成ソフトを用いた研修

① 年間を通しての流れ

　各学期の終わりに、各教員には1度ずつアンケートを実施する。実際の研修は、1学期の終わりか2学期の終わりに行う。アンケートは、本

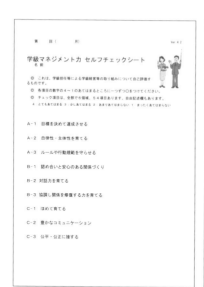

図1 学級マネジメント力セルフチェックシート
出典：田中博之（編著）『若手教員の学級マネジメント力が伸びる！：学級力向上プロジェクト教員研修編』金子書房，2018

　書の冒頭で示したウェブサイトからダウンロードできる学級マネジメント力セルフチェックシート（図1）を用いて，学級マネジメント力レーダーチャート作成ソフトに入力して自己分析に活用した。

　年間を通した研修を1，2回に絞った理由は，増やしすぎると，やらされている感が出てしまい，教員が主体性を見出しにくくなると考えたからである。教員のウェルビーイングを考えた時，忙しい学期末に研修ができそうにない場合，経験の浅い教員を対象とし，分析結果についての協議を行う。一方，時間が取れそうな学期末の場合，興味のある教員に集まってもらい，校内研修を行う。どちらにせよ，経験の浅い教員の分析力を高め，一人ひとりの成長の実感を優先した。

　「学級マネジメント力セルフチェックシート及びレーダーチャート作成ソフトを用いた研修（本校では，スキルアップ研修：SU研修と呼称）」は，2023年度で3年目である。1年目はすべての教員を対象とし，

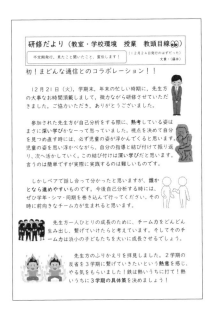

図2　教頭だより

準備から振り返りまで研修のすべてを各自で行った。2年目は、経験の浅い教員に限定してSU研修を行った。3年目は、参加者を希望教員に広げ、準備や振り返りをSU研修担当教員に任せた。以下、校内に普及させていく方法を紹介する。

　1年目、私のような研修担当者が、学級マネジメント力の成り立ちや使い方、よいところなどを、教頭の研修だよりや実際の研修会を通して伝えていく。

　自己分析ができる方法を知った教員は、自分を見つめ直す変容（姿勢、態度）を通して、自分なりに振り返る習慣が身につく。私は、毎回の研修後には教頭だよりを発行した（図2）。

　教頭だよりで教員のよさや努力を認めたり、地域へ発信したりすることで、教員たちが自己分析力を身に付けていったと考える。

　2年目には学級マネジメント力を活用して取り組む経験の浅い教員が少しずつ成長する姿を、様々な立場の教職員に確認・賞賛してもらう機会を設定した。私は、同僚の教員や校長には、電子掲示板を活用して研修の報告を行い、経験の浅い教員の成長を紹介した。子どもたちや保護者、地域の方々などに向けては、学校のホームページを通して研修の目的を伝えた。PTA会議の場や地域会合の際には、職員研修の内容や先生方が成長している様子について紹介した。私の取組を通して、経験の浅い教員たちの自己肯定感が高まり、子どもたちの前では、元気な声で授業を行ったり、楽しそうに休み時間に子どもたちと過ごしたりなど、自信を持って取り組む変化が見られるようになった。

3年目には私のような教頭の立場での取組に留まらず，SU研修を校内研修の1つに位置付けた。SU研担当教員には，1，2年目に私が行っていた内容（事前準備や研修後の振り返り，研修報告など）を任せた。

　本校の場合，2年間で経験の浅い教員の成長を見守ってきた教員の中には，自分自身の自己分析の必要性を感じて学級マネジメントに取り組む姿も見られた。また，先輩教員として後輩への的確なアドバイスをするために，学級マネジメント力セルフチェックシートを活用する姿も見られ，他の教員へ広まっていった手応えを感じた。

② 研修の直前準備から当日，その後まで

　研修会の当日までには，事前にできることや，誰かに任せられることを予め計画しておくことが大切である。

(1) 研修の事前準備

　レジュメ（図3）とアンケートを担当者（本校の場合は，SU研担当教員）に渡し，関係資料の印刷と，各教員の机上への配付を依頼する。本校の場合，アンケートを事前に実施した教員は，私まで提出することになっている。私は，研修日当日までに，学級マネジメント力レーダーチャート作成ソフトに入力し，印刷・返却をしている。

(2) 研修会当日の研修内容

　アンケート未実施の教員には，最初にアンケートに記入させる。アンケートが実施済みの教員には，レーダーチャートに基づく自己分析を促す。アンケートを実施する際には，教員自身の立場（担任・支援担任・

図3　研修内容のレジュメ

専科・管理職）で振り返ることが大切であることを伝える。レーダーチャートの結果を分析する際には，自分のよいところ（点数の高い項目）を中心に，今後の解決策や取組を考えることを指示する。これは，教員一人ひとりの自己肯定感を高めるためである。

次に，ペア交流（他者分析）を行う。ここでも，よいところをほめ合うことを中心に交流するように促す。その際，交流する意図は，自己肯定感を高め合うことであることも伝える。その後の全体交流では，他の教員に対して自己分析した内容を発表させる。発表した教員は，発表内容を聞いていた立場の異なる教員からの様々な意見を受け，分析結果を再考する。

最後に，まとめとして，課題（自己・他者分析の結果を通して，2学期の目標を考えること）を提示する。今回は，締め切り日を2学期が始まる1日前（2023年8月24日）とした。すると，参加したほぼすべての教員が課題を提出した。

(3) 研修のその後

私は自己分析を行ってほしい教員に対してのデータを入力し，プリントをその教員の机上に置き，2学期の目標を考えるよう促す。また，2学期の目標を考えて課題を提出した教員に対しては，目標のよい部分に線を入れたり，花丸を記したりして，再びその教員の机上に置く。私は，教務主任や学年主任（ミドルリーダー）を育てるために，経験の浅い教員が2学期に取り組む目標を詳しく伝え，彼らから賞賛や励ましの声をかけてもらうように促した。このようにして，私を含む多くのミドルリーダーで経験の浅い教員を育てていく雰囲気づくりを大切にした。

3 自己分析と他者分析から学級経営力を高める

① 研修で大切にしたこと

研修において，重きを置いた点は，「自己肯定感を高めること」と，

「同僚性を高めること」である。

「自己肯定感を高めること」については，自己分析において，点数が高かった項目の根拠を考えさせることで，自己肯定感を高めることができると考える。また，点数の低い項目についても自己分析させる。その時，私は，教務主任や学年主任などのミドルリーダーとともに，教員一人ひとりへ懇切ていねいにアドバイスすることで，苦手なことにもチャレンジしてみようかな，という思いを抱かせることを心がけた。このような姿勢や取組を大切にした結果，経験の浅い教員が自己肯定感を高めることができたと考える。

「同僚性を高めること」については，同僚の話を聞きたくなる場面を設定した。それが，研修中に取り入れたペア交流である。子どもも大人も誰かにほめてもらうと嬉しいものである。人は嬉しい時には，もっと話を聞きたくなるし，自らの思いを話したくなる。自己開示ができたタイミングで，点数の低い部分についても触れて交流するように促す。その後の全体交流では，ペア交流が進んでいるペアを意図的に取り上げ，話し合った内容を価値付けし，尊重する思いを伝えた。このように，私自身が教員を尊重している態度を見せたり，アドバイスし合うことのモデルを示したりすることが，同僚性を高める大前提となる。私は，研修中に見られたよい交流が職員室の中でも見られたら，すかさずほめるように心がけた。賞賛を繰り返すことが教員間の同僚性を高めることにつながったと感じる。

② 2年間における教員Aの成長

本節では，経験の浅い教員の一人である教員Aの成長過程を紹介する。教員Aは，私が新任教頭として赴任した時，初任者として一緒に本校に赴任した教員であった。教員Aは，1年目は支援学級を担任し，2年目は1年生の学級を担任した。図4に，1年目の教員Aのレーダーチャートを示す。

図4より，第1回から第2回にかけて全体的にレーダーチャートが小さくなったことがわかる。第2回目で小さくなった背景には，2学期の

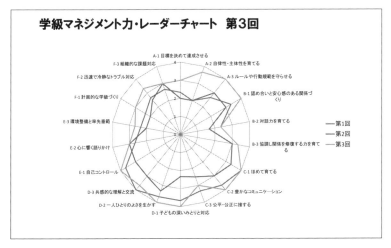

図4　1年目の教員Aのレーダーチャート

　様々な経験を通して，自分が目指す目標が明確になり，その目標に向かってのでき栄えを真摯に評価したことがある。教員Aは，2回目の結果について，私との意見交換を通して，自分自身を客観的に振り返る姿が見られた。
　第3回では，認め合いと安心感のある関係づくりや子どもの深いみとりと対応の項目が高い結果であった。このような変化が見られた背景には，教員Aがみとりと対応について先輩教員に聞いて努力を重ね，悩みながらも子どもたちとの関係づくりを試行錯誤し，自分が立てた目標に向かって頑張ってきたことがある。
　2年目の勤務となった教員Aのレーダーチャートは，1学期は自律性・主体性を育てるという項目や子どもの深いみとりと対応が低かった（図5）。これらの項目が低かった理由は，初めて1年の担任となった教員Aが，それまでに見てきた支援学級の子どもに対する経験では対応しきれなかったからである。私は，教員Aの授業や学級の様子を複数回参観し，情報交換を行った。教員Aは，自ら教員目標を設定し，次第に自己分析する力が向上した。その結果，子どもたちへの深いみとりから適切

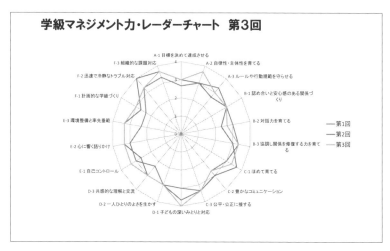

図5　2年目の教員Aのレーダーチャート

に個別対応したり，クラス全体でも子どもたちの主体性を高める活動を取り入れたりと，学級経営力や授業力を身に付けていったのである。

4 職員室の経営力を高める

　今回紹介した通り，学級マネジメント力セルフチェックシート及びレーダーチャート作成ソフトを用いることで，教員一人ひとりの「自己肯定感」と「同僚性」の向上が見られた。その結果，私自身としては，校内の職員室の経営力も向上させることができたと考える。今後も，教員自身の主体的な学びと成長につなげるために，心理的安全性を高め，主体的かつ建設的な意見を言い合える環境を整えていきたい。

実践事例

ミドルリーダー研修で中堅教員の学校マネジメント力を育てる

今田宗孝

1 ミドルリーダー研修を始めるにあたって

近年，教育を取り巻く状況は複雑化・多様化している。様々な課題を解決し，変化に適応していくためには，「チーム学校」で対応することが必要不可欠となっている。そのため，学校の教育目標実現に向け，学校内外の人的資源をコーディネートし，マネジメントしていく力がミドルリーダーにも求められている。

愛知県には，学校経営の一翼を担うミドルリーダーである教務主任とともに，環境整備や文書整理，特別支援コーディネーターなどを担当しながら教務主任をサポートする「校務主任」という役職がある。当時，私は春日井市教育委員会に在職しており，校務主任研修の担当となった。

自分もそうであったが，校務主任の多くは，初めてミドルリーダーとして学校マネジメントに携わる立場になるため，どのように働きかけるとよいか悩んでいたり，役割を果たせているか不安を抱えたりしていた。

そこで，学級力向上プロジェクトの考え方を応用し，自分の強みと課題を明確化しながら学校マネジメント力を育成できないかと考えた。

2 ミドルリーダーの育成に向けて

初めに，身に付けていきたい力を明確化するため，愛知県が策定している教員育成指標をベースにしながら，図1のような指標を作成した。

125

1 教職員に対して授業や学年・学級経営について的確な指導・助言ができる。 （コーチング力）
2 教職員や保護者等の話に耳を傾けるとともに、自分の考えをわかりやすく伝えることができる。
 （コミュニケーション力）
3 児童生徒に対して自分の立場を踏まえ場面に応じた指導・支援ができる。 （ティーチング力）
4 管理職と教職員、教職員同士等、外部機関との連携を図ったり、意見の違いや対立を整理・調整したりすることができる。 （アジャスト力）
5 他者に対してミドルリーダーとして自覚をもった行動・発言ができる。 （プロデュース力）
6 学校運営の課題を分析し、計画的・組織的な対応ができる。 （マネジメント力）

図1　ミドルリーダーとして身に付けていきたい6つの力

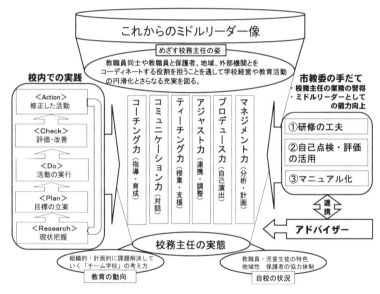

図2　研修を進める上で考えた構想図

　6つの力は関わり合いながら育まれ、目指す姿に近づいていくと考え、これらを研修と校内での実践で育むことができるよう、図2のような構想図を基に進めることにした。市教委の研修を、「業務の習得」「ミドルリーダーとしての能力向上」の二本立てで実施するとともに、校内では、「計画した実践を、R-PDCAサイクルに沿って取り組めるようにする」手だてを講じられるようにした。その際、愛知教育大学の磯部征尊准教授をアドバイザーに迎え、連携して進める体制を整えた。

実践事例 13

3 ミドルリーダー力セルフチェックシートの開発

様々な研修や校内での実践を実施するにあたり，図1を基に自己分析できるよう，早稲田大学教職大学院の田中博之教授が作成した学級マネ

ミドルリーダー研修で中堅教員の学校マネジメント力を育てる

ミドルリーダー力 セルフチェックシート

第 1 回 （ 5 月）

小・中 （ ）（ ）学校 名前 （ ）

◎ これは、「めざす校長主任の姿」に対して、現時点の自分がどのくらい近付けているかを振り返りながら自己評価するものです。
◎ 各項目の数字4〜1のあてはまるところに一つずつ〇を付けてください。
◎ 分析結果を通して「ミドルリーダーとしてどのような動きがをするか」「何に重点を置いて取り組むか」を考える材料としています。結果で先生自身を評価するわけではありませんので、安心して回答してください。
◎ チェック項目は、全部で6領域、54項目あります。自由記述欄もあります。
 A 教職員に対して各種の課題について指導・助言ができる（コーチング力）
 B 相談や交流を媒介し、自らの考えを伝えることができる（コミュニケーション力）
 C 児童生徒に対して適切に指導・支援ができる（ティーチング力）
 D 自らや他の教職員等と連携し、関係調整したりできる（アシスト力）
 E 自らの立場や役割を踏まえた行動・言動ができる（プロデュース力）
 F 学校運営や課題に対して組織的・計画的に対応できる（マネジメント力）

4 とてもあてはまる 3 少しあてはまる 2 あまりあてはまらない 1 まったくあてはまらない

A−1 目標を決めて達成させる
① 教職員に学級経営・校務分掌を自ら進めることをうながしています。 4−3−2−1
② 学年や係で協力して授業や行事を計画・実践するよう指導しています。 4−3−2−1
③ 学校運営や行事などの責任者を多くの教員に経験させるようにしています。 4−3−2−1

A−2 自律性・主体性を育てる
① 前例踏襲ではなく、状況を踏まえながら計画・企画をうながしています。 4−3−2−1
② ワークライフバランスをとって働くよう、声かけをしています。 4−3−2−1
③ 授業開始の時間や会議開始の時間を守るよう、自覚をうながしています。 4−3−2−1

A−3 ルールや規範を守らせる
① 会議の打ち合わせ等で確認されたことを守り合う関係づくりをしています。 4−3−2−1
② 教職員に時と場に応じた言動をするよう促したり、指導したりしています。 4−3−2−1
③ わかりやすい授業や適切な指導をするよう教職員を指導しています。 4−3−2−1

B−1 認め合いと安心のある関係づくり
① 保護者や保護者からの相談や苦情に丁寧に対応するよう心掛けています。 4−3−2−1
② 教職員の現場やよい気配を認めつつ、認める声かけをしています。 4−3−2−1
③ 地域で異質な他者の人と良好な関係を築くよう努めています。 4−3−2−1

B−2 対話力を育てる
① 会議や協議会で、多様な意見を選んで発言できるよう工夫しています。 4−3−2−1
② ペアやグループ討論など、教職員の対話を促す工夫をしています。 4−3−2−1
③ 相手の話をしっかりと聞き、そのことを伝えられるようにしています。 4−3−2−1

B−3 協調し関係を構築する力を育てる
① 教職員に挨拶や感謝の言葉、励ましの言葉をかけるよう促しています。 4−3−2−1
② 問題の管理職・学年集団での報告・連絡・相談を徹底するようにしています。 4−3−2−1
③ 困っている同僚を助けたり助け合ったりするよう働きかけています。 4−3−2−1

C−1 子どもとの関わり
① ICTを活用するなど工夫をしながら、分かりやすい授業をしています。 4−3−2−1
② 課題があって困った「指導した」子が頑張ったときに、褒めています。 4−3−2−1
③ 児童生徒が変容する関係、そのことを褒めています。 4−3−2−1

C−2 子どもとのコミュニケーション
① 課題のある子ども保護者の関わり、問題を否定せずよさを認めています。 4−3−2−1
② 子どもの不平や不満を尊重して、その解決に努力しています。 4−3−2−1
③ 立場指導や委員会など様々な場面を通して子どもと対話をしています。 4−3−2−1

C−3 子どもへの支援の仕方
① どの子も公平にほめたり、叱ったり、支援したりしています。 4−3−2−1
② 表情や服装の変化などから家庭の状況を把握し、適切に対応しています。 4−3−2−1
③ 担任の考えを尊重しながら、子どもを指導したり取材したりしています。 4−3−2−1

D−1 深い見とりと対応
① 教職員の言動や様子から状況を把握し、校内体制の見直しを進めています。 4−3−2−1
② 保護者や地域からの声にアンテナを高くし、対策・改善に努めています。 4−3−2−1
③ 子どもの言動を踏まえ、教員への授業向上や生活指導に生かしています。 4−3−2−1

D−2 一人ひとりのよさを生かす
① 教員がもつ経験やノウハウを活用・伝達できるようにしています。 4−3−2−1
② 管理職の考えを伝えたり、教職員の思いを管理職に伝えたりしています。 4−3−2−1
③ 地域や校外の人がもつ経験やノウハウを活用できるように努めています。 4−3−2−1

D−3 共感的な理解と交流
① 自分の価値観を押しつけず、互いの価値観を尊重し合う努力をしています。 4−3−2−1
② 意見の違いや対立点を見出し、粘り強く調整するよう工夫しています。 4−3−2−1
③ 教職員や保護者の悩みや相談をよく聞き、共感的理解に努めています。 4−3−2−1

E−1 自己コントロール
① 場面に応じてきちんと教職員に時間することや待つことができます。 4−3−2−1
② 問題に対して、冷静に落ち着いて向きあうようにしています。 4−3−2−1
③ 一方的に批判したり、反論したりと否定的な言動を抑えることができます。 4−3−2−1

E−2 説得力ある語りかけ
① 自分の経験から学んできたことを話すなどして、参考にさせています。 4−3−2−1
② 教職員をリードする立場として、書籍や研修会等を活用して学んでいます。 4−3−2−1
③ 教職員の授業・行事等のねらいや成果、課題について価値づけしています。 4−3−2−1

E−3 環境整備と率先垂範
① 自ら率先して、環境整備や整理整頓、掃除、時間厳守をしています。 4−3−2−1
② 安全面や環境面の点検・整備とともに、教職員にも協力依頼しています。 4−3−2−1
③ 教職員の基盤として、自ら進んで楽しく相談できる雰囲気づくりを努めています。 4−3−2−1

F−1 計画的な体制づくり
① 学校の諸活動についてPDCAサイクルを回しながら進めています。 4−3−2−1
② 授業の向上・育成を目的に行う研修や行事づくりをしています。 4−3−2−1
③ 生徒指導や特別支援等の情報共有・協議を計画的に実践しています。 4−3−2−1

F−2 迅速で冷静なトラブル対応
① 問題行動やいじめ等が起きたときは、迅速かつ公平に対応しています。 4−3−2−1
② 保護者や地域の人のクレームに対して、冷静に取り組み対応しています。 4−3−2−1
③ トラブル発生に対して、事前指導やリスクマネジメントをしています。 4−3−2−1

F−3 組織的な課題対応
① 授業や生徒指導、行事等について、互いに連携し実践しています。 4−3−2−1
② 学級・学年の課題やトラブルに、管理職や同僚と迅速に対応しています。 4−3−2−1
③ 学級・学年の課題解決のために、専門家や専門機関と連携しています。 4−3−2−1

◎ 今年度、先生がめざす校長主任の姿を書いてください。

◎ めざす姿を達成するために先生が取り組みたいと考えていることを書いてください。

ありがとうございました。

図3 ミドルリーダー力セルフチェックシート（1回目）

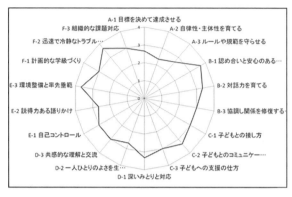

図4 セルフチェックシートを基に作成したレーダーチャート

表1 2018年度のミドルリーダー向上に関わる研修・情報交換会

月日	会議名	研修内容	場所	講師名
6月20日	校務主任研修会Ⅰ	ミドルリーダーとしての学級への関わり方Ⅰ	研究所	愛媛大 准教授 磯部征尊氏
9月26日	校務主任ミニ研修④	ミドルリーダーとしての学級への関わり方Ⅱ	研究所	愛媛大 准教授 磯部征尊氏
11月28日	教務・校務合同発表会	教務・校務の取組について	市庁舎	
3月8日	校務主任研修会Ⅴ	ミドルリーダーとしての学校への関わり方	研究所	愛媛大 准教授 磯部征尊氏

図5 R-PDCAシート

ジメント力セルフチェックシートを参考に，54項目からなる「ミドルリーダー力セルフチェックシート」（以降：セルフチェックシートとする）を開発・作成し，各学期に実施することとした（図3）。

これにより，自身の現状を振り返りやすくするとともに「この1年間，どの領域に力を入れていくか」「どのような働きかけをしていくのか」を具体的に設定し，校内での実践につなぎやすくするようにした。また，チェックシートの結果を図4のようなレーダーチャートで表し，各学期や年間を通して自身の成長を感じたり，課

題を設定し直したりすることが容易にできるようにした。

　それとともに，これらを使った研修・情報交換会（表1）を実施し，その中で，結果を踏まえて校内実践をR-PDCAサイクルに従って進めていけるシート（図5）を作成した。そして次の学期に向け，見通しや新たなアイディアをもって校内実践に取り組めるようにした。

4 ミドルリーダー研修の様子と変容について

① 1回目のチェックシート・意見交換会の実施

　5月下旬に自身の現状の把握と，今年度の目標とその実現に向けた手だてについての記述をさせた。記述内容の全体的な傾向としては，「役割に関わる力量向上」「環境整備」を目標としており，学校マネジメントに関わる「共感的な理解と交流」「組織的な対応」についてはあまりなかった。また，レーダーチャートを見ると，全体的に4段階評価の「3」の選択が多いものの，その中でも図6のようにティーチング力とコミュニケーション力については自己評価が高く，コーチング力やアジャスト力は低いという傾向が見られた。これは，今までと異なる立場になり，上手に教職員と保護者をコーディネートできなかったり，現職教育において指摘するべきポイントが分からなかったりするなど，主体的な働きかけができなかったと捉えたことが原因と考えられた。

　6月の研修後，チェックシートの結果を踏まえ，新たにレーダーチャートを活用しながら4〜5名のグループで意見交換する時間をもち，R-PDCAシートに振り返りと今後取り組みたいことを記述させた（図7）。すると，自分たちの活動を客観的に見つめ直し，目指す姿を意識できるようになった。また，レーダーチャートを使うことで意見交換が活発化し，質問や助言を多く得られていたことも分かった（図8）。

② 3回目のチェックシート・意見交換会の実施

　2018年度最後の研修では，年間を通して取り組んだことの振り返り

129

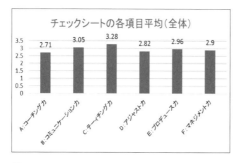

図6　1回目のチェックシートの結果

と，次年度の目標について記述してもらった。レーダーチャートを見ると，図9のように，ほぼすべての項目において1回目より自己評価が高くなっていることが分かった。その中でもコーチン

・思ったより凸凹が少なかったが，自分に客観的に自己評価する力が足りていないと感じた。
・コーチング力が低いことは自分でも把握していたが，アジャスト力のばらつきは意外な弱点だと思った。
・新任校務ということもあり，四役としての立場という意識がまだ足りないことが反省するべき点である。学校全体を見るという視点をきちんともちたい。
・自分でわかっていたことではあるが，校務主任という立場にいながら，他の先生方への働きかけがほとんどできていないことがよくわかった。

図7　チェックシートの結果についてのR-PDCAシートの記述

・意見交換をしていると自分以外の先生も同じことで思い悩んでいることがわかった。校務同士のつながりを密にしていき，力を出し合って問題を解決していきたい。
・経験年数・学校の違いにより強みや弱みは様々だった。こうしなければならないというアプローチ方法を考えるのではなく，柔軟に課題に取り組まなければならないと感じた。
・自分ができない手立てについて参考になった。自分が敬遠してきたことに挑戦してみたい。
・大規模校で若手が多い中で，声かけを工夫したり気を配ったりしていることを聞き，見習いたいと思う。

図8　意見交換後の気づきについてのR-PDCAシートの記述

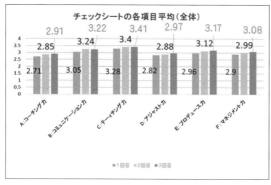

図9　3回目のセルフチェックシートの結果

グ力とプロデュース力については増え幅が大きく，学校をマネジメントする上で特に必要な力として取り組んでいたことが分かった。

- アジャスト力の向上を目指して取り組んできた。初任者指導の場だけでなく、タイミングを見つけて教職員の思いを受け止めたり、管理職の考えを伝えたりするようにした。しかし、限られた教職員だけになったことが改善点である。
- 先生方の困り感について予防的な対応に心がけたいという目標を立てたが、そこまでには至らなかった。しかし、以前は申し出があってからの対応に終始していたが、こちらから声をかけられるようになってきた。
- 人にアドバイスする項目の評価が低かったので、アドバイスではないが自分の考えを積極的に伝えるように心がけた。また、自分の経験のある分野だけでなく、経験がない分野についてもどう関わっていくかということが大事だと分かった。
- 教室や廊下へ積極的に足を運び、子どもたちや先生とのコミュニケーションをとることが以前よりもできた。そこで感じる違和感をもっと大切にし、それと向き合い、行動していけるともっとよかった。

図10 チェックシートの結果についての R-PDCA シートの記述

- 若手が多い本校にとって、授業力アップは喫緊の課題である。初任から6年目までの若手の先生方を中心に研究授業・協議を行い、互いに意見を伝え合う中で授業力アップを図るため、働きかけていきたい。
- 自己評価をしている中で、他の人といかに効果的に話をするかが大事なポイントだと思った。年度末にも次年度に向けて、自分が弱い項目について意識的にコミュニケーションをとるように心がけていきたい。
- 全体を見る視野を持ち、計画的に仕事に取り組みたい。これまではミドルリーダーとしての自己の役割を自覚することに精一杯であったが、それが一段落してきた今、自身の長所を生かしつつ、その役割を果たしていけるように、特に計画性は自分にとって最重点の課題である。
- 普段からの対話と部会での合意形成の過程を面倒がらずにやることが大切。その時間の確保に努める。

図11 チェックシートの結果を踏まえた今後の目標

　記述内容を見ても，多くが自分の役割を担えるようになってきた自信とともに，次の課題や手立てを見出すことができていた（図10）。これは，年間を通してR-PDCAサイクルに従って校内で実践に取り組んできたことで，役割を自覚できるようになるとともに，それを果たすためになにをすべきかを考えられるようになった結果である。

　各受講者は，来年度に向けて自分の強みや課題，今年度の成果を基にしながら，具体的な目標を立てられるようになった（図11）。

5 1年間のミドルリーダー研修を終えて

　最後に，4月に校務主任となった教員Aのレーダーチャート（図12）とR-PDCAシート（図13）の記述の変化を紹介する。初めはおおむね4段

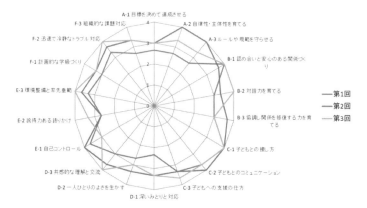

図12 教員Aのレーダーチャート

図13 教員AのR-PDCAシート

階評価の「3」の評価で,学校マネジメントに関わる「対話力を育てる」「共感的な理解と交流」についての評価は低かったのが,取組を経るごとに評価を高めていった。また,記述内容も初めは抽象的だった目標や手だてが,具体的なものへと変容した。年度末には,自分が教職員の支援のために働きかける役割であることを自覚し,次年度に向けて「主体的・意図的に働きかけたい」と目標設定するまでに成長していた。

今回の取組により,チェックシートを活用しながら,一人ひとりが校内でR-PDCAサイクルに従って実践に取り組むことで,ミドルリーダーとしての自覚や自信を高めるとともに,学校マネジメント力を育成させることができた。今後も,開発した研修体制を活用し,ミドルリーダーの育成に努めていきたいと考えている。

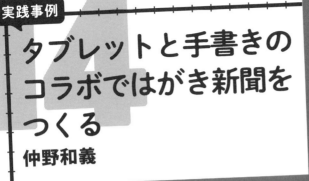

実践事例 14

タブレットと手書きのコラボではがき新聞をつくる

仲野和義

1 はじめに
―実践に至るまでの背景―

本校では，2019年度3学期より1人1台のタブレットが導入され，学校全体として授業活用の研究に取り組んできた。校内には，情報教育推進委員会と呼称する専門のチームが立ち上がり，私は主担としてそのチームに携わってきた。活用方法について様々な議論が重ねられた結果，職員会議資料のペーパーレス化や授業プリントの印刷省略化をはじめ，業務効率化に取り組み，現在までに一定の成果を上げている。

このような環境の中，子どもたちはロイロノートを始めとする学習アプリに積極的に触れ，その操作に関しても満足にできている（表1）。具体的には，低学年はタブレット活用において必須となるタイピングについて，アルファベットの歌を歌うことによってアルファベットを学び，タイピングが容易となる。また，本校の特徴的な取組としては，委員会活動の中にメディア委員会を新設した。メディア委員会が主催し，年に

表1　タイピングスキル向上の系統

学年	主な学習内容（知識・技能）
低学年	アルファベットの歌を暗唱し，ローマ字学習の基礎を身に付ける。
中学年	ローマ字を習得し，タイピングの基礎を学ぶ。 メディア委員がタイピング講習会を実施する。
高学年	タイピングアプリで日常的に練習する。 タイピング大会を行い，児童のスキルアップを図る。

1度のタイピング大会を実施している。タイピング大会前には，メディア委員がタイピング講習会を行っている。

　以上のように「チーム学校」として取り組んできた結果，全教職員及び子どもたちが，様々な教科などにおいて一定のスキルを保有するまでに至っている。

2 はがき新聞の実践

　1人1台タブレットの時代でも，不易な部分としての「手書き」と「対面でのコミュニケーション」は，とても重要であると考える。そこで私は，はがき新聞の実践に当たっては，ロイロノートによるオンラインギャラリーのアイディアや，新聞自体をフルデジタルで書き上げるアイディアなどを考えたが，デジタルのみで構成してしまうと手書きのよさや対面コミュニケーションのよさが失われてしまうのではないかと考えた。

　私は，はがき新聞とは，「事象や経験したことを要約し，多様な方法で表現すること」と捉えている。そのために，図1に示す各段階を通して，はがき新聞の指導に取り組んできた。このノウハウをぜひ「学級力はがき新聞」の作成に取り組む際の参考にしていただきたい。

①【4年生】新聞づくりの基礎を学ぶ（国語科/社会科）

　6月の「新聞をつくろう」（光村図書4年）の単元では，新聞づくりの基礎（割付・見出し・図表の使い方など）を学習した。子どもたちにとっ

図1　新聞づくりの指導フローチャート

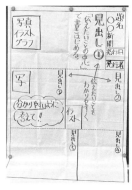 

図2　新聞づくりの見本　図3　実際の新聞

ては、初めての新聞づくりであった。学習に支援を要する子どもたちも在籍しているために、3～4名のグループを構成し、社会科で学習した単元のまとめとして新聞づくりに取り組んだ。

この時点で1人1台のタブレットは使用可能であったが、まずは手書きでの作成を選択した。なぜなら、学習の初期段階では、アナログでの経験が必要だと考えているからである。

サイズについても、まずは、B4サイズで作成した。B4サイズで始めた意図は、はがき新聞の作成に慣れるに伴い、サイズを小さくしていくことを考えたからである。

②【4年生】感想型要約としての新聞づくり（国語科）

2月の「ウナギのなぞを追って」（光村図書4年）では、学習後の感想を新聞にまとめる活動を実施した。まず、ロイロノート（デジタル）で下書きを作成し、手書き（アナログ）で清書を仕上げる、という手順で行った。

ロイロノートを使用すると、非常に効率よく下書きが進む。その最大の理由は、トライ＆エラーが容易にできることである。

Excelで作成した新聞の雛型をロイロノートに取り込むと、子どもたちがロイロノートのテキストカードに内容を記述していく。この雛形データは、本書巻頭で示したウェブサイトからダウンロードできる。また、写真も同様に取り込むことができる。これらの取り込んだ写真や作成したカードは、付箋のように自由に動かしたり、カードの色を変えた

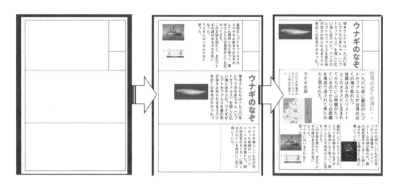

図4　テキストカードによる児童の下書き

りすることができるために，割付の試行錯誤がとても簡単にできるのである。

　①で述べた通り，グループ学習として新聞づくりを経験させたことは，図4の活動に不可欠な事であった。なぜならば，学習の苦手な子どもたちに対して，「一人でロイロノートを使って新聞をつくりなさい」と伝えたのでは，クラス全員が完成させることはできなかったからである。

③【4年生】遠足のふり返り

　2月下旬になると，割付のポイントや見出しの付け方，話題の選び方などの技術がしっかり身に付いてきた。子どもたちは，「自分でテーマを選んで新聞を書きたい」「自由に書いてみたい」などと，それぞれが意欲を見せてくれるようになっていた。一方，「書きたい」という意欲があっても，これまでに取り組んだB4サイズに書くのは大変と言い出す子どもたちもいた。子どもたちの書きたい意欲とサイズを変えたい思いが出たタイミングで，はがき新聞の実物を見せた。子どもたちは，「これになら，書けそう！」「イラストもいれていいんやんな」などと，前向きな声が多く出た。

　3学期の3月，遠足の感想をテーマに選んだ子どもたちは，友だち同士で思い出を振り返りながら，新聞を書いていた。はがき新聞を中心に，これまでにともに学んできた経験が多くあった子どもたちは，友だち同

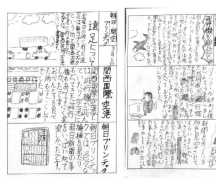

図5　はがき新聞

士の対話や関わりをスムーズに進める姿が多々見られた（図5）。

特に，これまで書くことに対して抵抗感を持っていた児童Aは，はがきサイズの新聞にイラストや自分の感想を交えて書き上げることができた。他の子どもからは，児童Aが書いたはがき新聞について，「めっちゃ書いてるやん」「記事，おもろいなあ」などの感想が寄せられた。その後，児童Aは，はがき新聞づくりで得た成功体験を糧に，作文や授業ノートなどを書く際には積極的に自分の思いや考えを書き表すことができるようになった。

④【5年生】自分の「推し」紹介新聞

新聞づくりには，子どもたちが「書きたい」と思うテーマ設定も重要だと考えている。5年生に進級した子どもたちには，新年度が始まった1週間後，「自分の推しを紹介する」テーマを設定し，はがき新聞を作成させた。

子どもたちは，培ってきた技術を遺憾なく発揮し，自分が推すペットやスポーツ選手，キャラクターについて紹介する新聞をつくった。

これまでの実践と異なる点は，下書きの方法について子どもたちに選択権を与えたことである。ロイロノートによる下書きを選択する子どもたちもいれば，いきなり清書する子どもたちもいた。自分が設定したテーマや内容，取り組む程度に応じて，学習方法を自分で選択する姿が見られたのは，子どもたちが4年生の頃よりアナログとデジタルの利点を使い分けるよさや価値を習得していたからである。

掲示に関しては，教室前廊下にある掲示板を活用している（図6）。私が完成したはがき新聞を掲示すると，すぐに子どもたちが集まり，はが

き新聞を見ながら，和気あいあ
いとコミュニケーションする
様子が見られた。子どもたち
は，クラスの友だちの「推し」
を知りたく，また，自分の「推
し」をみんなに知ってもらいた
いのである。このような子ども
たちの欲求を充足させるには，
タブレットへログインしてデ
ジタルデータのはがき新聞を
閲覧するのではなく，友だちと
一緒に見に行けるアナログ掲示が適していると感じている。

図6　はがき新聞ギャラリー

3 実践のまとめ

　私は，はがき新聞づくりに必要な知識や技術を体得させることだけで
なく，デジタルとアナログの利点をバランスよく取り入れることを子ど
もたちと実践してきた。その中で，これまで書くことが苦手だった子に
とっては，1人1台タブレットは書くことの支援ツールとして機能し
た。つまり，「書きたい」という意欲があってもそれを形にすることや，
表現することが苦手な子どもたちが自分を表現することができるように
なった。それが，友だちの新たな側面を発見し合うことに結びついたの
である。また，元々書くことが得意・好きだった子にとっては，さらに
見やすいレイアウトにこだわったり，見出しの位置を簡単に工夫したり
できる便利ツールとして機能した。

　今回の実践のように，はがき新聞づくり（アナログの取組）と，1人
1台タブレットでのはがき新聞づくり（デジタルでの取組）との計画的
な表現力の育成を目指したことで，子どもたちは，友だちのことをさら
に深く理解しあう姿へと成長したのである。

実践事例

教育委員会がリードする学級力向上プロジェクトの取組とロイロノートで行った

学級力アンケートの集計・分析

亀山雅之

 1 関市教育委員会が取り組む学級力向上プロジェクト

① はじめに

　私が子どもの頃，TVでは教師を主人公にしたドラマが数多く放映されていた。主人公の熱いセリフに感動し，教師という職業にあこがれた。それらのドラマでは，教師が子どもたちと正面から向き合い，よいクラスをつくり上げ感動的な学級解散や卒業式を迎えていく姿が描かれていた。私もあんな学級をつくってみたいと夢を描いて教師になった一人である。私だけでなく，誰しもが素敵な学級をつくりたいと願って教師になったはずである。私は本書のテーマである学級力向上プロジェクトに出会い，これこそよい学級をつくる核となる考え方であると確信した。よい学級とは，すなわち子ども自身がいじめのない居心地のよい学級にしたいと願いを持ち，自分たちで活動を考え，実行していく学級である。

② 関市教育委員会と学級力向上プロジェクト

　関市立の小中学校においては，すべての学校で学級力向上プロジェクトに取り組んでいる。なぜ関市で学級力向上プロジェクトが積極的に取り組まれているのかというと「これまで教育委員会で勤務された先輩方の努力」と「組織の力」にあると言える。

　平成27年度，当時の関市教育委員会の学級活動担当者は学級力向上プロジェクトの初期本である，田中博之先生の『学級力向上プロジェクト：「こんなクラスにしたい！」を子どもが実現する方法　小・中学校

編』（金子書房，2013）を準備し，すべての小中学校に配付した。当時中学校教諭であった私も現場でこの本を手にし，職員で回し読みをしたことを覚えている。このように関市教育委員会には学級づくりこそ教育の根幹であるという考え方が何年にもわたって脈々と受け継がれている。

関市には，教育センターの機能を有する「まなびセンター」と呼称される組織があり，学級力向上プロジェクトもこの「まなびセンター」が中心となって市内に広めていった歴史がある。「まなびセンター」主催の教員研修の1つに学級活動研修がある。現在，学級活動研修では学級力向上プロジェクトについて全員で学び，各校で実践し，授業研究会を行っている。初任者研修においても学級力向上プロジェクトの漫画や，はがき新聞を資料にして研修を行っている。また，近年，市内教員の希望者に対し退職した校長が指導員としてつき個別指導を行っている。その指導においても，対象教員のキャリアに応じて学級力向上プロジェクトを活用している。

③ 学級活動研修の概要

先述のように関市教育委員会では，いくつかの研修がある中で学級活動研修を中心に学級力向上プロジェクトを進めている。研修の対象者は，小中学校で担任を持っている教員の中で校長が推薦した各校1名である。この研修は，必ず参加しなければならない悉皆研修として位置付け，年4回実施している。研修内容は，例年表1のように計画している。

④ 学級活動研修を行うにあたって留意していること

(1) 理論と実践の両輪で進めること

学級力向上プロジェクトが他のアセスメントツールと大きく違う点

表1　研修計画

		内容
第1回	5月頃	学級力向上プロジェクトの考え方を学ぶ
第2回	夏休み	学級力アンケートの実践交流
第3回	11月頃	学級力アンケートを活用した授業研究会（小学校）
第4回	11月頃	学級力アンケートを活用した授業研究会（中学校）

は，結果を分析したり，活用したりする主体が子どもにある点である。学級力向上プロジェクトは，学級づくりの主体を子どもたちに委ねることで，子どもたちにも学級の一員として学級づくりの責任の一端を担わせることができる。本来，子どもたちも安心感のある居心地のよい学級にしたいと願っているはずである。その思いや力を学級づくりに生かしたい。

第1回目の研修では，学級力向上プロジェクトの考え方を学ぶことを目的とし，愛知教育大学の磯部征尊准教授に講義をお願いしている。しかし，研修に参加して理論を学ぶだけでは学級力向上プロジェクトのよさは実感できない。現場で実践して初めて研修で学んだことが力となる。

そこで，1学期中に参加者全員が学級力アンケートを自校で実践し，その結果を基に第2回の研修会で実践交流会を行うよう計画している。うまくいったことや工夫したこと，うまくいかなかったことなど参加者同士で交流することで新たなアイディアや方法が生まれ，さらにバージョンアップした取組が生まれてくる。このように学級力向上プロジェクトを理論と実践の両輪で進めていくことでより大きな成果を得ている。

(2) ICTを活用してより実践しやすくなる環境を整えること

学級力アンケートを実施する時にネックとなるのが準備と結果の集計である。準備はアンケートをダウンロードし，子どもの人数分を印刷する必要がある。集計は本書の巻頭で示したウェブサイトから集計ソフトのExcelファイルをダウンロードし一人ひとりの結果を手入力する。この行程をできるだけ簡略化できるように教育委員会として次のように環境を整えた。

2 ロイロノートを使った学級力アンケートの実施と集計・分析

① 概要（集計・分析はパソコンを使用して行う）

(1) 学級力アンケートにロイロノートのアンケートを活用（図1）

アンケートの作成は教育委員会で行い，ロイロノートの市内共有フォ

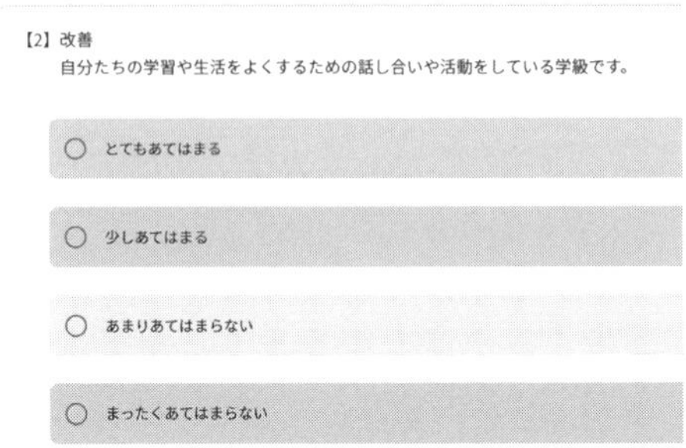

ルダに入れた。各学校の教員はそこから取り出し，カードを再利用することでアンケートが実施できるようにした。

図1　ロイロノートのアンケート

(2)「集計用Excelファイル【関市版】」を作成（図2）

「集計用Excelファイル【関市版】」（以下，「集計ファイル」と記述）を校内ネットワークの市内共有フォルダの中に入れ，市内の教員であれば誰でも自由に取り出せるようにした。

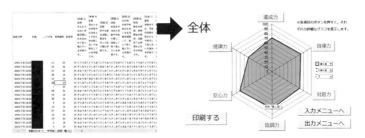

図2　ロイロノートで作成したCSVファイルからレーダーチャートを作成

②「集計ファイル」の作成手順

学級力アンケートの集計をロイロノートやGoogleフォームなどのアンケート機能を使って集計しようとした場合，出力したCSVと学級力アンケートの集計表の行列が逆になってしまい，うまくいかない。

「集計ファイル」はこの問題を解消し，ロイロノートから作成されたCSVをそのまま貼り付けることで分析処理ができるようにした。

「集計用Excelファイル【関市版】」はサイト上にある学級力アンケート集計ファイルを加工して作成する。以下に中学校版の作成手順を示す。

手順①→学級力アンケートの集計ファイルをサイトからダウンロードする。

手順②→ダウンロードしたExcelファイルを開き，シートを2枚追加し，「処理（1）」「第1回貼りつけ」と名前を付ける。

手順③→「処理（1）」シートを作成する。

1行目，2行目，A列は図3のように項目を入力する。B3，C3のセルは図3のように関数を入力し，他のセルにコピー，ペーストしていく。AB5のセルには図3のような表を作成しておく。

図3 「処理（1）」シートの作成方法

手順④→ 第1回入力 シートを加工する（図4）。

手順⑤→ここまでの手順で 入力メニュー シートの名簿を作成する（図5）。第1回の調査の名簿の順が全体に反映されるので，第2回，第3回と調査をする場合は名簿が第1回と同じ順に並んでいることを確認する。

以上で「集計ファイル」は完成である。

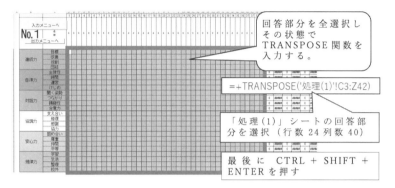

図4 「第1回入力」シートの加工方法

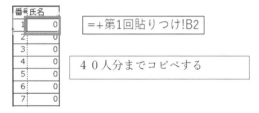

図5 「入力メニュー」シートの作成方法

③「集計ファイル」の使用方法

　ロイロノートで書き出したCSVのデータ全体をコピーし「集計ファイル」の「第1回貼りつけ」シートのA1セルから貼り付けると集計やレーダーチャート作成が自動的に行われる。

※第2回以降も「処理（2）」シートと「第2回貼り付け」シートを作成し同様の手順で加工すれば，通常の集計ファイルと同様，レーダーチャートの作成や分析ができる。

　GIGAスクール構想により，児童生徒が1人1台端末を活用する環境が整った。それに伴い，学級力向上プロジェクトも様々なアンケート機能と連携した実践が報告されている。本実践ではロイロノートのアンケート機能から出力したファイルと，ウェブサイトからダウンロードした集計ファイルの縦横が逆になってしまう不具合を解消した。多くの方の参考となれば幸いである。

第8章

キーワードで
理解する
学級力の育て方

学級力向上プロジェクトがもたらす効果

藤原寿幸

　学級経営によって子どもたちのなにが成長するのか。それは学習指導に比べて、目に見えにくい。ただ、目に見えにくいだけであってなにかが確かに成長している。教員たちは学級経営を通して、目には見えづらいが大切なものを子どもたちに育んでいる。いじめや不登校、インクルーシブ教育、社会性の未発達など、学級経営上の困難な課題は多く挙げられるが、逆に考えると、学級経営の改善により、多くの教育の課題の解決も可能になるだろう。そのような中、現在、「子どもたちの子どもたちによる子どもたちのための学級づくり」として学級力向上プロジェクトが全国に広がり始めている。私自身、小学校教師として5年間、大学教員として5年間、計10年間「学級力向上プロジェクト」の実践や、その普及・支援に関わってきた。その中から、私が実証的な実践研究として取り組んだ「学級力向上プロジェクトがもたらす効果」について紹介したい。

1 学級力向上プロジェクトによる学級生活満足度や学校生活意欲の向上

　藤原・井芹（2018）[1] は、小学校低学年（2年生）において、学級目標を効果的に活用した学級力向上プロジェクトの実践研究を行い、学級適応の質の向上を目指した。1学期から2学期までの集団の発達に応じた学級目標の設定と、学級担任の指導行動とを整理し、その効果を「学

級満足度尺度」（河村，1999）[2]で測定した結果，1回目より2回目の結果が有意に高くなっていた。「全員で決めた学級目標」への共通理解や，学級目標の達成を目的としたプロジェクト型の活動を導入したことによる，学級内の役割の活性化と振り返りを促進するような教員の自律性支援が有効であったと考察している。

また，藤原（2019）[3]は，小学校中学年（3年生）において，学級全員でつくった学級目標を基盤として，その達成度を「見える化」することにより，集団理解の手立てとして学級力向上プロジェクトを展開し，児童の主体性・自律性を促す学級づくりにより，児童の学校生活意欲を高めることを目的とした実践報告をしている。6月と3月に実施した「学校生活意欲尺度」（河村，1999）では，3月において「友だち関係」「学習意欲」「学級の雰囲気」の平均値がすべて上昇し，児童の学校生活への意欲の向上が報告された。

2 社会性（ソーシャルスキル）・非認知能力（Grit）との関連

藤原ら（2022）[4]は，小学校高学年（6年生）において，学年目標を基盤とした「学年力」向上プロジェクトの実践報告をしている。7月と3月に実施した「児童が学級生活で必要とされるソーシャル・スキル尺度」（河村，2001）[5]の結果は，3月においてほぼすべての項目で平均値の向上が確認された。特に，「リーダー」「自己主張」については，より顕著であったことが示された。学級の枠を超えたスマイルタイムで全員が学級代表として発言できたことがその要因だと考察されている。

藤原（2022）[6]は，学級力向上プロジェクトのR-PDCAサイクルの各活動段階において，「意欲的に活動ができたか」を問う児童の自己評価と，非認知能力として注目されているGrit（やり抜く力）との関連の分析から，Gritが育成されていることと，児童が主体的に学級づくりに参画していることに関連性があったことを示している。

以上，学級力向上プロジェクトがもたらす効果について紹介してきたが，この教育方法の可能性は大きいと考えている。今後は，さらなる素晴らしい効果が報告されることを切に願っている。

参考文献

1）藤原寿幸・井芹まい「小学校低学年児童の自律性支援を志向した教員の学級集団づくりの効果に関する検討：集団の発達に応じた学級目標の設定の視点から」『学級経営心理学研究』7，pp.31-42，2018

2）田上不二夫（監修）河村茂雄（著）「Questionnaire-Utilities 楽しい学校生活を送るためのアンケート」図書文化社，1999

3）藤原寿幸「小学校中学年における学級目標を基盤としたR-PDCAサイクルによる学級づくりの事例：生徒指導の視点から捉えた学級経営」『早稲田大学教職大学院紀要』11，pp.57-72，2019

4）藤原寿幸・小松陽子・川村容平「学年目標を基盤とした学年力向上プロジェクトの実践：『学級力向上プロジェクト』を参考にして」『教育デザイン研究』13，pp.140-149，2022

5）河村茂雄「ソーシャル・スキルに問題がみられる児童・生徒の検討」『岩手大学教育学部研究年報』61（1），pp.77-88，2001

6）藤原寿幸「児童の主体的な学級づくりへの参画とGrit（やり抜く力）との関連：学級目標を基盤とした学級力向上プロジェクトの活動過程における児童の振り返りの分析から」『早稲田大学教職大学院紀要』14，pp.43-56，2022

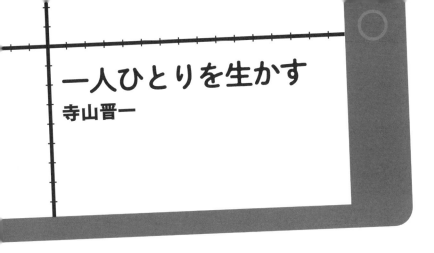

一人ひとりを生かす
寺山晋一

① 個性が輝く学級力向上プロジェクトへ

　新型コロナウイルスの感染拡大により，多くの学校で集団活動の制限や縮小・削減が行われた。緊急事態宣言に伴う全国一斉の臨時休校による学習進度の遅れに注目が集まり，教科学習の内容をすべて指導し終えることばかりに目を向ける学校も少なくなかった。新型コロナウイルス感染症の扱いが5類に引き下げられた現在でも，教員の負担感が大きい学校行事などの集団活動は，縮小・削減されたままの学校が多い。

　私はVUCAと呼ばれる予測困難な時代に直面している今だからこそ，学校教育における「集団での学び」が重要になると考えている。なぜなら，未来を担う子どもたちが，これからの実社会で直面する様々な困難を乗り越えたり，新しいもの・価値などをつくり出したりするためには，多様な個性や可能性を結集した集団で取り組むことが必要になるからである。このような集団での課題解決の過程を体験的に学ぶことができるのが，学級力向上プロジェクトである。

　では，学級力向上プロジェクトの実施にあたって，これからはなにが大切になるのだろうか。それが「一人ひとりを生かす」という視点であり，これが今までの学級力向上プロジェクトとは少し異なる「New」の部分に当たるのではないかと考えている。

　この「一人ひとりを生かす」ということを実現するために，学級力向上プロジェクトを今後実践する上で次の2点に留意したい。

> ①1つに決めなくてよいものは，無理に1つに決めないこと
> ②学級をよりよくする方法は多様であること

　学級力のレーダーチャートは複数の項目で構成されている。その項目を基に子どもたちが，「どの学級力を高めたいのか」「どのように学級力を高めるのか」と考えたり話し合ったりする学習場面がある。子どもたちは学級力のレーダーチャートの変化や具体的な学校生活の様子などから，学級全員で高めたい項目や活動内容を決めるのだが，なかなか1つに絞れないことが多い。

　「一人ひとりを生かす」という視点で考えれば，これが如何に難しいことか分かる。当然だが，一人ひとりの考えが異なるからこそ，1つに絞るのは容易ではない。唯一共通しているのは，「よりよい学級を目指したい」という子どもたちの根本に存在している思い・願いである。これを大切に育てていくためにも，それぞれの子どもたちの考え方を共感的に理解し，活動に生かしてもらうことが必要になるのではないだろうか。

　担任である私自身，集団活動は活動内容を1つに決めた方が子どもたちも活動に取り組みやすい，みんなで1つの目標に向かって活動することが望ましいことであると思い込んでいた。しかし，子どもたちはそれを望んでいなかった。いつの間にか担任に言われた通りに動く活動になってしまっていたのである。意味もなく1つに絞ろうとすればするほど，子どもたちの心は学級から離れていった。

　当然，1つに決めなくてはならない場面もある。ただ，学級力向上プロジェクトに関しては，1つに絞る必要はない場面が多いと考えている。

　「どの学級力を高めればよいのか（目標）」「どのように高めればよいのか（方法）」という問いに対する正解はない。だからこそ，子どもたち一人ひとりが持っている課題意識を大切にし，多様な個性が発揮され，それぞれの取組が学級をよりよくすることにつながっていくような「New」学級力向上プロジェクトの在り方を模索していかなければならないと考えている。

愛と信頼に裏打ちされた教職員集団づくり
~支持的風土を基盤としたチームビルディングを通して~

坂井孝行

はじめに

　生徒に落ち着きがなく，生徒間暴力と対教員暴力，校舎破壊が頻発していた状況を打破するために，全教職員で校内の支持的風土づくりに力を入れて取り組んできた。それぞれの教職員のスキルや能力を最大限に活用し，一人ひとりが輝ける教職員集団づくりを目指すことにより校内全体に大きな変容が見られた。

1 全校体制で支持的風土を醸成するための方策

　「生徒の自己肯定感と自己有用感は学級の支持的風土が育む」という仮説のもと，全校体制で学級力を向上させる取組を行った。学力と学級風土とが相関関係にあることから，生徒同士が支え合い，自らが協調的な関係を築くとともに，生徒同士の信頼関係を育ませる取組として「学級力」を高める実践をする。そのために，全教職員の個々のスキルと能力を最大限に発揮することを目的として以下のように取り組んだ。

① 県外から外部講師を招聘し，校内の支持的風土を醸成させるための方策を学ぶ校内研修を年5回実施する。
② 年に3回，全校で「学級力向上プロジェクト」を一斉に実施する。
③ 学習指導要領の下，各教科と道徳において対話を基に「深い学び」を実現するための手立てを全教職員で研究する。

これらの効果はてきめんであり，全教職員が1つのチームとして意欲的に研究し，教育活動に取り組む教職員集団として変容していった。

2 校内の支持的風土を基盤とした深い学び

支持的風土を基盤に，道徳教育を通して生徒の心を耕すことを目指した。それを実現するためには，教職員が道徳授業に自信を持つことが必要である。そのため，以下のような内容で取り組んだ。

① 教職員が担当する学年全学級の道徳授業を行う。一人ひとりが一つの題材で指導案を作成し，4週かけて学年全4学級の授業を実践する。

② 授業の中盤以降で生徒へゆさぶりをかける発問を研修し，対話による「深い学び」を実現する。

③ 年に2回，学年ごとに哲学対話教室を実施する。

教職員は自然に指導に改良を重ね，自信を持って授業に臨めるようになり，生徒が道徳の授業が楽しみと考えるようになった。また，哲学対話で「みんなで一緒に問い，考え，聞くこと」が定着し，普段の授業の中でも，生徒からも教員からも「なぜなんだろう」という問いが頻繁に生じるようになり，授業に深まりが出ている。これこそが「学びに向かう力」の原動力になると全教職員が実感している。

おわりに

これらの支持的風土を基盤としながらチームビルディングをしたことにより，自然と生徒たち一人ひとりが当事者意識を持つようになった。具体的には生徒会が中心になって「校則の見直し」を行ったり，学年委員会を中心に「タブレットの掟」を作成したりと校内の問題や課題に対して主体的に行動を起こす姿が多く見られるようになった。また，自然な形で教職員の支持的風土も醸成されていると実感している。

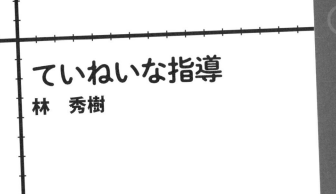

ていねいな指導

林　秀樹

1 「納得感」を大切にし，学級力を高める関わり方

① 子どもたちをみとる解像度を上げ，言葉のプレゼントを渡す

　学級力向上に取り組む中で，子どもたちの反応は様々である。クラスの士気を高め，友だちと協力しながら進んで取り組める子がいる一方で，少なからず積極的になれない子がいる。そのような子たちを含め，クラスで一体感を持って学級力に取り組んでいくためには，教員の適切な声かけが必要である。

　どのタイミングで，どのような方法で，どのような言葉を選ぶのか。教師が子どもにとって次の行動への推進力となる声かけをするためには，みとりの解像度を上げることが大切になってくる。具体的には，

　「今の○○さんの発言で，クラスがあたたかい雰囲気になったよ」

　「□□さんの拍手は，相手を応援する気持ちが伝わってくるなあ」

などの言葉に表されるように，教員が子どもたちの行動の背景にある思いに気づいて共感し，価値付ける言葉を渡すことである。これは，教員がアンテナを高く保ちながら，子どもたちの行動とその背景にある思いに共感しようと過ごすからこそ出てくる言葉である。また，時には他クラスや専科の先生に声かけをお願いすることも効果的である。

② 写真を活用する

　教員の思いを子どもたちに語ることは大切なことだが，その思いをさらに浸透させる上で有効なのが写真を活用することである。

私は以下の流れで子どもたちとやり取りを行った。

最初に，図1を見せ，気づいたことを口々に発表させる。そして，一人ひとりの言葉を受け止め認めた上で，価値付けを行う。

「よい姿勢で話を聞くと，相手も気持ちよく話すことができるね」

「君たちがしっかり聞こうとする姿勢がとても素敵で，高学年として立派だったよ」

図1　終業式での後ろ姿

このように写真と語りをセットにすると，子どもたちがその場面を想起しやすくなる。その上で価値付けすることで，教員の語りが子どもたちの心に伝わるのである。

図1は，クラス全体の様子を撮ったものだが，個人の写真を取り上げることも非常に有効である。

図2は掃除の時間に一生懸命階段をきれいにする児童の姿である。自身の担当場所を黙々と掃除をする姿を，掃除が終わった次の時間にクラスで共有した。

「誰も見ていないところでも，このように役割を果たすことができるのは素晴らしいことだよね。みんなが気持ちよく生活できるね」

この言葉で価値付けを行うと，本人はとても満足そうな表情をしていた。

また別の子を取り上げた時には，次の日の掃除の前に共有したことで，他の子どもたちの掃除に対する熱量が明らかに高まった。

このようにスピード感や計画性を持って写真を共有することで，理想的な姿が広がり，学級力が高まっていく。

図2　掃除で頑張る姿

協働的な学びと学級力

大山和則

1 協働的な学びによる学級力向上

「『令和の日本型学校教育』の構築を目指して(令和3年1月)」(中教審答申2021, 19頁)には「個別最適な学びと協働的な学びを一体的に充実し,主体的・対話的で深い学びの実現に向けた授業改善につなげる」必要性が述べられている。

たとえば,単元や本時の目標達成を目指した協働的な学びにより,学級力の「目標達成力」が高まる。授業では,必ず本時のめあてを確認する。授業の冒頭に「今日の授業でも,学級力の『めあて』の項目が高まりそうだね」,授業の終わりに「たくさん意見が出たね。学級力の『めあて』も高まったね」と一声かける。そうすることで,学びを通して,学級が1つにまとまっていく。

また,話し方・聞き方のスキルアップで「対話創造力」や「規律遵守力」(学習面)が高まる。私は常々以下の3点を子どもたちと共有している。

①ハンドサイン(話型)の活用
　チョキ(〜さんに付け足して),グー(〜さんと少し違って)
　人差し指1本(〜さんに質問で)
②発表者が指名権を持ち,相互指名する
　初めまして(その授業で初めて発言をする子)優先,付け足し優先

③一番遠くの席の子の方を向いて発表する。おへそを向け，目と耳と
心で聴く。

　アイディアを出し合ったり，教え合ったりすることで「協調維持力」
が高まる。「全員がめあてを達成できるといいね」と声をかけると，算数
の時間などに早く問題を解き終わった子が，進度がゆっくりな子に「自
分で解けそう？お手伝い，ヒントがいる？」と聞きながら，机間支援を
始める。子どもたち同士で説明する方が学びが腑に落ちることがよくあ
る。
　ICT機器やホワイトボードの活用により，個別最適な学びの成果を協
働的な学びに生かし，更にその成果を個別最適な学びに還元することが
ある。その際，「カードに考えを書き，タブレットを使って出し合うこと
で対話創造力が高まるね」と授業者が子どもたちに一言伝え，本時での
学び方を意味付ける。そうすることで，子どもたちは，協働的な学びの
中で，学級力向上を意識できる。

2 協働的な学びの中で 学級力向上を称賛

　子どもたちが協働的な学びをする中で，マスクをしたり，声が小さ
かったりして，発表者の声が聞こえない時がある。その際，「Aさんの
言ったことをもう一度言える子」と授業者が尋ね，Aさんの発表を繰り
返した級友がいたとする。すかさず，「対話創造力が高まっているね」と
授業者が称賛して，子どもたちの頑張りを認める。同様に，発表の途中
で詰まってしまった子がいた際，「Bさんの言いたかったことが分かった
子」と授業者が尋ね，Bさんの発言を補足した級友がいたとする。すか
さず，「協調維持力が高まっているね」と授業者が称賛して，子どもたち
の頑張りを認める。教員の価値付けにより，子どもたちは，協働的な学
びの中で，学級力をより向上させようという意欲を高めるであろう。

3 学級力向上から学校力向上へ

「『令和の日本型学校教育』の構築を目指して（令和3年1月）」（中教審答申2021）には，「協働的な学びは，異学年間の学びも含むもので，児童会活動などを含め様々な活動の中で異学年間の交流の機会を充実することで，子供が自らの成長を振り返り，将来への展望を培うとともに，自己肯定感を育むなどの取組も大切である」と述べられている（19頁）。

学校全体として，同じように学級力向上に取り組んでいるのであれば，全校集会などで児童生徒会が司会，レーダーチャートの拡大用紙に記入しながら，全校児童生徒で協働的な学びを進めることも可能である。前任の八ツ田小学校では「楽しい学校あいうえお」の目標達成に向け，「あいさつ」「命」「歌声」「笑顔」「思いやり」の5項目について全校児童で話し合った。6年生がマイクを持って，1，2年生の発言を吸い上げようとした姿が今でも心に残っている。学級力向上で身に付けた力を発揮して，学校の教育目標達成や全校での課題解決を目指して，よりよい学校づくりに向かう子どもたちを育てたい。

生徒指導と学級力向上プロジェクト

齋藤まゆみ

1 自己指導能力の育成

「生徒指導」という用語から連想されるイメージには,どのようなものがあるだろうか。文部科学省「生徒指導提要改訂に関する協力者会議」の座長を務め,日本生徒指導学会会長でもある八並光俊氏は,次のように述べている。「生徒指導というと,校則指導や問題行動の指導のように,教職員が上から指導する,あるいは,統制するイメージが強くあります」。実際,多くの教職員がこの見方に賛同するのではないだろうか。

周知の通り,「生徒指導提要」が12年ぶりに改訂され,令和4年12月に公表された。その特色の1つが,生徒指導の定義と目的が明記されたことである。

> 【生徒指導の定義】　　　　　　　　　　（下線部は筆者)
> 生徒指導とは,児童生徒が,社会の中で自分らしく生きることができる存在へと,<u>自発的・主体的に成長や発達する過程を支える</u>教育活動のことである。なお,生徒指導上の課題に対応するために,必要に応じて指導や援助を行う。

> 【生徒指導の目的】　　　　　　　　　　（下線部は筆者)
> 生徒指導は,児童生徒一人一人の個性の発見とよさや可能性の<u>伸長と社会的資質・能力の発達</u>を支えると同時に,<u>自己の幸福追求と社会に受け入れられる自己実現を支える</u>ことを目的とする。

生徒指導は,教育活動全般を通じて行われるものであり,八並氏は,

「生徒指導の主体は，児童生徒であり，教職員は彼らの成長や発達を支える専門的なサポーターだという立ち位置になります[1]」と述べている。

　ゆえに学級集団の在りようが教育活動や子どもにとっての学校生活の質を左右すると言っても過言ではない。「学級力向上プロジェクト」は，R-PDCAサイクルに沿った連続的で円環的な実践を通して，子どもが学級での出来事や在りようを「自分ごと」として考え，仲間と関わりながら，よりよい学級を目指して活動する営みである。一連の活動の中で，子どもは，仲間と成果を共有したり，課題に直面したり，それをともに乗り越えたりする経験をする。子どもは，その経験を通して，相互理解に基づいた共感的な人間関係を形成し，話し合いによる合意形成の大切さに気づき，また，共通の目的に向かって決めたことを協力して実践することの価値を見出すのである。

　この姿は，「なすことによって学ぶ」を指導の基本理念とする特別活動における生徒指導に直結する。実際，「生徒指導提要（改訂版）[2]」には，特別活動の基本的な性格と生徒指導との関わりについて，次のように明記されている。

---

①　所属する集団を自分たちの力によって円滑に運営することを学ぶ
②　集団生活の中でよりよい人間関係を築き，それぞれが個性や自己の能力を生かし，互いの人格を尊重し合って生きることの大切さを学ぶ
③　集団としての連帯意識を高め，集団や社会の形成者としての望ましい態度や行動の在り方を学ぶ

　「学級力向上プロジェクト」は，生徒指導における支援構造に照らして言えば，「発達支持的生徒指導」に直接的に迫る活動であり，今後求められる生徒指導の側面からも有効かつ目的に適合した活動と言えるだろう。

参考文献
1）八並光俊・石隈利紀（編著）『Q&A新生徒指導提要で読み解く　これからの児童生徒の発達支持』ぎょうせい，2023
2）「生徒指導提要（改訂版）」文部科学省，2022

子どもが主体の学級会と係活動

神子島　強

1 学級会の司会や書記は子どもに任せる

① なぜ子どもが司会をするのか

学級力アンケートを基にした学級会（話し合い活動）は，最初は教員が進めてもよいが，慣れてきたら子どもに司会や書記を任せるとよい。クラスの問題は，クラスみんなで話し合い，解決策を出していくことで学級力が高まるからである。教員主導になってしまうと，子どものモチベーションも下がってしまう。ただし，司会の子に丸投げでは話し合いも上手くいかない。司会の子どもには，事前にアンケート結果を見せて，よかった点や改善点を中心に学級会を進めるように働きかけることが大切である。慣れな

司会の進行表

○司会の仕事はクラス会議を進めることです。いつもみんなの方を見て話し合いを進めてください。
○副司会の仕事は司会を助けることです。その他には、黒板書記がみんなの意見を聞き逃して困っていたら教えてあげてください。

① 始めの言葉
「これから第○回　学級会を始めます」

② よかった点のふり返り
「今回のアンケートでよかったところは、○○でした。」
「どうしてよかったと思いますか。」

③ よくなかった点のふり返り
「今回のアンケートでよくなかったところは、○○でした。」
「どうしてよくなかったと思いますか。」

④ 話し合い
「これから、○○について考えます。時間は○秒です」

・たくさんあったらしぼっていいです。
・話を聞いていない人がいたら、注意をしましょう。

⑤ 質問・意見を言い合う
「それぞれの考えについて、質問や意見はありますか」

⑥ 決定
（たくさんのアイデアが出された場合）
「多数決をします」

・意見をひとつひとつ読み上げて、いいと思う意見に手を挙げてもらう

⑦ あいさつ
「これで、第○回学級会を終わります。ありがとうございました。」

図1　司会の進行表

いうちは司会の進行表（図１）を基に進めるようにする。ある程度パターンを決めておくと，誰でも司会をすることができる。

② **それぞれの役割**

私のクラスでは，司会・副司会・黒板書記・ノート書記の４人で学級会をリードしてもらっている。それぞれの役割は，以下の通りである。
司会…クラスのみんなへ発言を促し進行を担う。
副司会…司会の補佐。挙げられた意見を黒板書記に伝える。
黒板書記とノート書記…それぞれ出された意見を黒板とノートに書く。
これらの役割は，生活班でローテーションして行い，全員が活躍するようにするとよい。

2 係活動を動かす

① **問題意識を持たせる**

私は，２年生のクラスで学級力アンケートを基にした学級会を行った。すると，アンケートの結果から「助け合いパワー」の項目の数値が落ち込んでいることが分かった。それはなぜかをグループで話し合う活動を行ったところ，子どもたちからは「係の活動があまり機能していないのではないか」という考えが出された。そして，「全員遊びをする」「係のイベントをする」などの意見が挙げられ，実践していくことに決まった。このように，アンケート結果から，「なぜそうなったのか」という問題意識をもたせることで，「話し合いたい」「解決したい」という意識を高めることができる。

② **係活動の時間をとる**

その後，たくさんの係がクラスを盛り上げるために各種イベントを考えた。お楽しみ係の鬼ごっこや，ミュージック係の音楽バスケット，黒板係の熟語集めゲームなど，様々なイベントが行われた。どのイベントも楽しく，みんなの笑顔が見られた。その結果，学級力アンケートの数

値も向上した。

　クラスのために係が頑張り，みんなはその係に応える。その積み重ね
でクラスがどんどんよくなっていく。大切なことは，係活動の時間を確
保することである。朝学習や授業が早く終わった残りの時間など，隙間
の時間を有効に活用するべきである。

おわりに

　学級会の司会や書記，係活動などで子どもが主体となって行動する姿
が見られたら，その頑張りを認めて褒める，そして全体にも広げていく
ことが大切である。子どもたちが，それぞれ自分の役割が分かり，クラ
スのために行動していくことで学級力の高まりが一人ひとりに実感でき
るのである。

二次元バーコードを活用したアンケートで時短を図る！

河村敏文

はじめに

　学級力向上プロジェクトは，話し合い活動の「指標」として，その教育的価値や効果，学級・学年経営における使いやすさを実感することができる。また，学年及び学校経営においても，R-PDCAサイクルに基づいた学級活動と同様に展開することができる。しかし，アンケートの結果を集計することに時間がかかり，新しく始めることに抵抗を感じてしまうことがある。特に，学年主任や教務主任の立場で「学級力向上プロジェクト」を学校全体で行う時，周囲の教員に賛同してもらえるためにも，手間がかからず，子どもたちへの教育効果が高いことを知ってもらうことが重要である。

1 学級力アンケート入力方式のブラッシュアップ

　教育的効果と価値は高いことが分かっていても，一方的に「学級活動の時間にアンケートをとってください。そして，アンケートの結果を使って，話し合い活動をしてください」とトップダウンで進めていっては，「学級力」のよさを知る前に教員たちに抵抗感をあらわにされてしまうことも考えられる。

　そこで，私が学年主任として学年内で活用した時は，マークシートでの入力方法で行った。マークシートを導入する前は，すべての回答を手

入力で行い、1クラス（生徒数40名分）20分程度かかっていた。マークシートを導入した後は、半分以下の時間で集計できるようになった。また、コロナ禍でGIGAスクール構想の1人1台のタブレット端末が配付された際、入力フォームを使えるアプリを日常的に使用する

「学級力アンケート」

目的
クラスから学年、学年から〇〇小学校をよくしていく

目標
〇自分たちを客観的に振り返る
〇話し合い活動を通して、思いや考えを出せるようになる
〇自分たちで、進められるようにする。

以上の目的と目標を達成できるよう、まずは自分たちの現状を調査します。
① 下記の二次元バーコードを読み取って、アンケートに答えてください。
② アンケートとは、10分程度で終わります。
③ 後日行う話し合い活動を通して、みなさんにフィードバックしていきます。
　〇年生みんなで協力してよい学年、よい学校にしていきましょう！
　　ご協力、よろしくお願いします。

学級力アンケート
二次元バーコード

番号【　　　　】
名前【　　　　　　　】

図1　二次元バーコード付き学級力アンケート用紙

ことが可能となった。そこで、図1のようなワークシートを作成し、入力フォームにアクセスできる二次元バーコードを印刷し、生徒が学級力アンケートに回答できるようにした。アンケート用紙を配付して実施していた時と比べ、作成したアンケートフォームを活用することで、子どもたちの入力結果を即時回収して集計を行うことが可能となった。また、回収した回答を出力したデータをファイルに貼りつける際、表計算アプリの簡単なマクロ機能を活用することで、2回目以降の集計は、データをコピー&ペーストするだけで、瞬時に学級力レーダーチャートを作成することができる。

2 学級力×ICT機器の可能性

　「働き方改革」が叫ばれ，価値のあるものまで，「時間や手間がかかるから」という理由で整理されてしまうことがある。「学級力向上プロジェクト」は，学校経営や学級経営を行う時，どの立場からでも始められる手軽さがあり，そして，ICT機器と結びついていくことで，誰でも手間なく短時間で行うことができる。多くの小中学校が，教員と子どもが同じ目的に向かって考えられることのできる「学級力向上プロジェクト」を通して，支持的風土のある安心・安全な学校生活をつくり上げることを願っている。

学校全体で「学級力!!」
―学級・学年・学校をつなぐレーダーチャート―
横山和伸

はじめに

　学級経営に学級力向上プロジェクトを取り入れてから，子どもたちが主体的にクラスのことを考えるようになった。一人ひとりの子どもたちが物事に前向きに取り組むようになるなど，クラスが変わっていくのが実感できた。それは，教員主導から児童主体の学級経営への転換である。この学級力向上プロジェクトの取組こそ，【自分（教員）が「クラス」と主体的に向き合う貴重な時間】となっていることに気づいた。私は，「この価値ある取組を学校全体に広めていきたい」という思いから，学年そして学校全体へと取組を拡げていった。

1 学年，そして学校全体へ

① 学年での実施

　学年全体でアンケートを実施（図1，2）し，その結果を学年会で共有した。グラフで並べて見てみると，学年共通の課題が浮き彫りになった（図3）。学年間での話し合いは，クラスとしてだけではなく，学年としてどのような取組が必要なのかを考えるきっかけとなった。

　しかし，他のクラスと比較されることに抵抗感を抱く教員もいた。そこで心がけたことは，学年で常に共通認識を持ち励まし合うことである。また，問題を抱えているクラスの担任が孤立することがないよう，学年全体で課題解決をしていく姿勢を見せ，その都度，「課題が見えたこ

図1　学年アンケート実施の様子①　　図2　学年アンケート実施の様子②

	回	6年1組	6年2組	6年3組	6年平均
目標を やりとげる力	設定	77	57	70	68
	もはん	60	53	64	59
自律する力	反省	74	52	58	61
	運営	73	52	65	63
話を つなげる力	新しさ	79	53	65	66
	合意	74	50	71	65
友だちを 支える力	支え合い	83	77	71	77
	素直	84	72	72	76
安心を生む力	平等	75	61	81	72
	尊重	68	52	65	61
きまりを守る力	学習	49	29	52	43
	時間	53	48	61	54

図3　学年アンケートの結果

とをプラスに捉え，一緒に乗り越えていこう！」などの声をかけた。

② 学校全体への広がり

　市内の研究大会に合わせ，学級力向上プロジェクトの取組を全学年で実施した。全学年実施にあたり，教員から「アンケート実施後の学級会をどう進めていけばよいのか分からない」という意見や，「わざわざアンケートを実施しなくても学級経営がうまくいっているからいいじゃないか」という意見があった。そこで，研究担当として心がけたことは，以下の4点である。

・自身の取組を積極的に発表し，自分にもできそうだと思わせること
・クラスで実施した話し合いの結果を教室に掲示し，可視化すること
・いつでも相談にのるという姿勢を見せること
・自主研修を開き，情報共有をこまめにすること（話し合い活動［図4］）

図4　話し合い活動

③ 教員向けアンケート結果（成果○と課題●）

○今まで学級会は，お楽しみ会（遊び）が中心になっていたが，学級を見つめる時間をつくることができた。
○今までは問題が起こってから話し合いを行っていたが，普段のクラスの状態を見つめ直す機会になった。
○課題を共有することができ，風通しのよい学年になった。
●教員の中で取組に対する温度差があった。
●学級会で決めたことがその場だけになってしまい，取組が持続していない現状もあった。

おわりに

　子どもにとっての環境は主に家庭と学校である。それだけに学級が様々な「幸福感」を感じることのできる居場所になるように目指すべきである。また，学級力の向上が学力の向上につながることが全国学力・学習状況調査の結果などでも明らかになっている。このことからも，学校全体で実施したことに大きな意義を感じている。今後も，子ども主体の学校づくりを進めたい。

生徒の声を大切にした学級づくり

上松　開

 1 過去の自分を振り返って

　学級担任として，熱い思いを持ちながら学級運営を行うことはとても大切である。私は，その信念を持ちながら長年学級運営を行い，ある程度の自信を持っていた。しかし，ある年，いつもと同じように学級運営を行っているにも関わらず，生徒たちの反応が薄く，なにをやってもうまくいかないことがあった。後から振り返ると，その当時の自分は，担任としての思いのみを先行させ，生徒たちの声を聞かず，心がつながっていない状態でうわべだけの言葉を語っていた。

　私は，令和3年度から生徒指導主事を担当するようになり，全校生徒を俯瞰して見た。すると，熱い思いをもっている教員ほど「生徒とのずれ」を生じる可能性があるのではないかと気づいた。

 2 学級力を活用している後輩教員

　学級力漫画を研修で初めて読んだ時，主人公の教師が生徒の思いとのずれに対して「なぜ？」と思っている姿を見て，過去の自分を見ているようだった。もし，あの時の自分が「学級力向上プロジェクト」を知っていたならば，もっとできることがあったのではないかと思った。そのため，担任の教員たちが，私と同じような「生徒との思いのずれ」を味わうことがないように，教務主任や学年主任と連携し，「学級力」の向上

に取り組んだ。

ある時，私が担任をしていた時と同じように，自分の熱い思いを語りながら学級運営を行っている後輩教員（以下，教員A）がいた。ところが，教員Aには私と違う

図1　レーダーチャートを用いた話し合い

ところがあった。それは，学級力レーダーチャートに基づく話し合いにおいて，教員Aは，生徒が思っていることが自分の思いと違っていることに気づきつつ，まずは，生徒の思いを優先させて傾聴する姿勢があったことである（図1）。生徒たちは，学級力レーダーチャートに基づく話し合いを重ねる度に，担任の教員Aに対して本音を伝えようとする姿が印象的だった。教員Aのように，自分の思いだけが正しいわけではないことを自覚し，柔軟性を持って生徒の思いをくみ取ろうという姿勢を大切にすることは，他の教員にも周知し，共通理解を図る重要なポイントである。

3　生徒の声を大切にした学級力向上プロジェクトを行うメリット

「学級力向上プロジェクト」を実践すると，生徒の本音をつかむことができる。実際の話し合い活動では，学級に足りないことや，取り組むべき目標を明確にすることができる。だからこそ，担任である教員は，取り組むべき目標を明確にする筋道や解決策を立てて話し合いに参加することが大切である。たとえば，「○○力について意識して行動しよう」と決める。すると，決まったことを基にして，実践できることを生徒が考える。同時に担任も「学級力向上プロジェクト」による話し合い活動を基にして，生徒に対して意図的に関わることができる。担任は，みんな

で話し合って決めたことができているのを目にした時には，すかさずほめるようにする。なかなか改善されない時には，学級役員と「今日はどうだったか」と毎日のように振り返りを行い，次に学級で取り組みたいことの共通理解を図る。目標のハードルをどれくらいに設定するかは，「学級力向上プロジェクト」を繰り返し行い，回数を重ねるごとにうまくなっていく。何事も最初からうまくいくとは限らないので，何度も挑戦して経験値を増やしていくことが大切である。

「学級力向上プロジェクト」を活用して根拠を明らかにすることにより，どのようなことに取り組んだらよいのか，一人ひとりが活躍するためには，なにを準備しておいたらよいのかを把握すれば，学級担任として安心して学級を運営することができる。

「学級力向上プロジェクト」を実践することは，教員に必要な人間性を高める第一歩になるであろう。

クラス目標達成への道!
一人ひとりの行動と振り返り活動をポイントとして

平林千恵

はじめに

　「先生，最近，みんなの言葉づかいが気になります」。これは，学級開きから約2か月が経った頃に，ふと漏れ聞いた児童のつぶやきである。このつぶやきをきっかけとして開いた学級会では，それぞれの素直な思いを出し合い，「今後，自分たちはどうしていきたいのか」を話し合った。大きな目標を達成するためには，個々の思いや行動がなにより大切である。一人ひとりの行動をていねいに振り返ることをポイントとした取組を紹介する。

1 目標を達成するための歩み

① 学級の現状を話し合う

　学級会で，最近気になる「言葉づかい」や「行動」について話し合った。ペアやグループで，それぞれの考えや意見を出し合うことからスタートし，「みんな」が気持ちよく過ごすために大切なこと，また，「自分」がこれから頑張りたいことを話し合った。

② クラス目標及び個人目標，活動名を決定する

　クラス目標を決め，目標達成のための個人目標を決めた（図1）。そのような中，「先生，作戦名を考えたいです！」というある児童の提案の下，全員で活動名を考える姿が生まれたことは，嬉しい出来事であった。

これは、児童同士の「ミッションみたいにしたら面白そうだな」という会話を取り上げることで生まれた姿であった。どんなことでも「やらされ感」なく、楽しく前向きに取り組

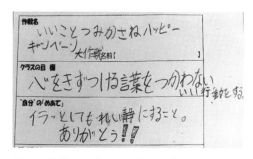

図1　作戦名，クラス・個人目標

むことはとても大切である。自分たち事としてスタートした取組は、この後1年間継続されることとなった。

③帰りの会で1日の振り返りをする

個々のめあてに対しての振り返りを毎日行い、感想や反省点・よかった点を書いた（図2）。反省点を書くことは、次週の活動に、見通しを持たせることにつながった。また、よい点を書かせることで「できた」という喜びを感じさせることができた。

私は、一人ひとりの頑張りを認めたり、励ましたりすることも大切にした。さらに、活動を学級通信を使って発信することで、みんなが目標達成に向けて

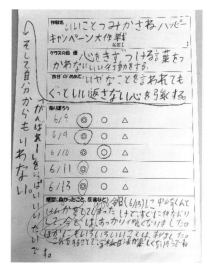

図2　振り返りシート

努力していることが共有され、クラスの一体感を生み出すことができた。

④ 全体での振り返りをする

1週間毎にクラス全体での振り返りを行った（図3）。

一人ひとりの小さな「できた」の積み重ねはクラス全体の達成感につながり，みんなで喜び合うことができた。

おわりに

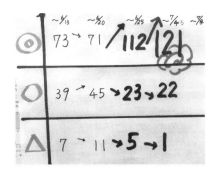

図3　全体の振り返り

大きな山に登る道は1つではないように，大きな目標を達成するためには，一人ひとり人の思いや行動が大切である。私は，「みんなで頑張ろう」という漠然とした声かけではなく，「あなたはなにを頑張りたいのか」という問いを大切にしている。

「言葉づかいに気をつける」というクラス目標を達成するための「いいことつみかさねハッピーキャンペーン」の成功の鍵は，個々のめあての設定と，その振り返り活動にあったと考える。

特別活動と学級力の親和性

菊池友也

 ## 1 特別活動と学級力との関係

特別活動と学級力は親和性が高い。今一度学級力の定義を見てみよう。

> 学び合う仲間としての<u>学級をよりよくするために</u>，子どもたちが常に支え合って<u>目標にチャレンジ</u>し，<u>友だちとの豊かな対話</u>を創造して，規律を守り<u>安心できる環境</u>のもとで<u>協調的な関係を創り出そうとする力</u>　（下線は筆者）

　特別活動は，学校や学級をよりよい集団にすることを目指し，仲間たちとの対話（話し合い活動や係活動，集会活動など）を通した集団活動を大切にしているが，学級力の目指すものと重なる部分が多いことが分かる。

　しかし，特別活動には共通の教科書があるわけではない。実際の指導は，個々の教員の裁量に任されているのが現状である。それゆえ，どうしたらよりよい特別活動を行えるのか，手探りで取り組む教員は少なくないだろう。学級力向上プロジェクトの取組は，そのような教員たちのニーズに応える可能性がある。

 ## 2 学級力の取組をクラス目標の振り返りに生かす

　では，具体的にどのように学級力向上プロジェクトの取組を実践に生

かしていけばよいのだろうか。クラス目標の活用を例に見ていこう。

一般的に、クラス目標は、学級の子どもたちと話し合いながらいっしょに決める。その際、学校教育目標や学級担任としての想い、保護者の願いに子どもたちが触れられ

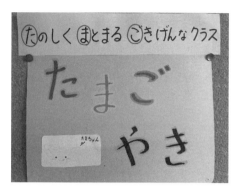

図1　クラス目標の掲示

るようにする。その上で、「こういうクラスにしたい」という子どもたちの願いを出し合い、決定していく。決まったクラス目標は教室内に掲示する（図1）。

しかし、掲示するだけで子どもたちにクラス目標を意識させることができるわけではない。大切なのは、定期的にクラス目標について振り返りを行うことである。そこでまず、学級力レーダーチャートを活用し、学級が今どのような状態なのかを見える化してみよう（図2）。今、学級

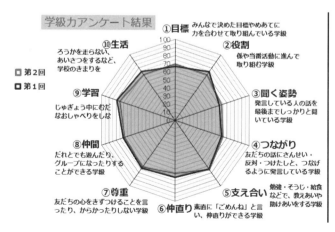

図2　学級力レーダーチャート

図3　アクションカード

ではなにが得意で，なにが苦手であるかが見えてくる。子どもたちが学級の課題に気づくことができたら，次にその課題を解決するための話し合い（学級会）を行う。このとき，課題解決のための方法が浮かばず話し合いが停滞するようであれば，教員側からアクションカード（図3）を示すとよい。子どもたちが困った時には，教員が必要な指導をすることが肝要である。学級力向上プロジェクトの取組は，子どもが自走する学級への大きな助けとなる。

　子どもたちが学級の課題を解決したら，そのことを保護者に発信しよう。たとえば，学級通信を発行したり，保護者会や個人面談の場で子どもたちの活動する写真を紹介したりすることなどが挙げられる。教員からの称賛に加え，家族からの言葉は，子どもたちにとって大きな自信へとつながる。

スマイル・アクションで困っている方へ！
スマイルカードの紹介
川畑　研

1 スマイルカードとは

スマイルカード（図1）とは，スマイル・アクションのタイトルや目標，やり方，チェックの方法などが記載されているカードのことである。中部学級力向上研究会のホームページで確認することができるので，ご覧いただければ幸いである。

（https://masataka-isobe.hatenadiary.jp/）。

図1　スマイルカード

2 スマイルカードの特徴

学級力向上プロジェクト（R-PDCAサイクル）の大部分を担うのがスマイル・アクションである。スマイル・アクションでは，全員が共通の目標を持ち（P），目標を基に解決策（D）を考え，どのような結果が出れば目標を達成したと判断するのかという評価方法（C）を明確にして取り組む必要がある。スマイル・アクションでは活動が中心となり，振り返りやチェックを怠ってしまう場合が多々見られる。ぜひ，スマイルカードを活用して，目標からゴールまでの過程を明確にして取り組んでほしい。

3 スマイル・アクションの指導で困っている教職員へ

　「スマイル・アクションをどのように指導すればよいか分からない」「子どもからスマイル・アクションのアイディアが出てこない」などの相談を受けることがある。実は，私も同じであった。私が担任した子どもたちは，クラスの問題を解決する方法を考えた機会や経験がほとんどなかったのだ。そこで，子どもたちがアイディアを考えたり，参考にしたりするために生まれたのが，スマイルカードなのである。私と同じような困り感を抱いた方たちに向けて，お勧めの使い方を2点紹介したい。

①スマイルカードを選択させる

　子どもからアイディアが出てこないクラスの場合は，担任がスマイルカードをいくつか事前につくっておき，その中から子どもたちに選択させるとよい。レーダーチャートを見て話し合う時間と，スマイル・アクションを考える時間を別日に設定しておけば，その間に目標に合致したスマイルカードをつくることができる。スマイルカードをたくさん用意しておきたい場合は，職場の仲間の力を借りて，アイディアを出してもらうとよい。また，中部学級力向上研究会のホームページからも多くのスマイルカードをダウンロードして活用するとよい。

②スマイルカードを参考にさせる

　子どもたちがスマイル・アクションのアイディアを考える意欲を持ったなら，スマイルカードを参考にして考えさせるとよい。スマイルカードを印刷して，クリアファイルに綴じて学級文庫に置いておくと，休み時間に読んだり，考える時に持ち出したりできる。また，インターネット上の自校のクラウドにスマイルカードをアップロードしてタブレットで見ることができるようにするのも時短になるのでお勧めしたい。学校全体で情報を共有すれば，自分たちのクラスのスマイル・アクションが，別のクラスの役に立つ日が必ずやってくる。ぜひ，スマイルカードを共有する工夫も考えてみてほしい。

学級力から学年力への拡大

小松陽子

1 実践にあたっての思い

取組の趣旨は，子どもたちに学年づくりの主人公になってもらうことである。

「自分たちの学年は自分たちでよくしていく」という思いで日々過ごしてほしい，また，自分たちで居心地のよいものにしていってほしいと願って実践を行った。

2 実践手順

①学年の教員団で「どんな子どもたちを育てていきたいか」について話し合う。
②学年集会にて「学年の目指す方向性」について子どもたちに話す。
③実行委員を募る。
④学年集会を受けて，各学級で，「自分たちの学年の目指す方向性」について話す。
⑤各学級の実行委員が学級で出た目指す姿を持ち寄り，「学年のキャッチフレーズ（目標）」や，「目標を達成するための具体的なめあての項目」を決める。

①は，4月最初の学年会で実施した。年度当初は様々に決めることがあるが，お互いの自己紹介も含めて珈琲とお菓子を囲んで，どんな子どもたちに育てていきたいか，学校教育目標に沿って具体的に考え，イ

メージを共有した。

②では，学年当初の学年集会を実施する際に「学校教育目標」の下，これから自分たち全員で「学年目標」を考えていくこと，そのために実行委員を募っていくことなどを伝えた。

⑤で決まった合言葉，そして目標を達成するための具体的な項目は図１のようにまとめ，教室に掲示した。

～「学年力向上プロジェクト」３学期振り返り～

名前（　　　　　　　　　）

【かしこく　やさしく　たくましく】

合言葉

さ　最後まで　ねばり強く
い　意欲をもって取り組み
こ　心を一つに
う　きょうりょく（協力！！）

４　あてはまる　・　３　どちらかといえばあてはまる　・　２どちらかといえばあてはまらない　・　１あてはまらない

【かしこく】						
努力	◎目標に向かって努力し，進んでいる	・・・	4	3	2	1
切り替え	◎時計を見て，時間を意識して切り替えができる	・・・	4	3	2	1
進んで行動	◎学校の代表として　委員会・クラブでは進んで行動する（若葉の顔として！　下級生の手本に！）	・・・	4	3	2	1
伝える	◎自分の考えをもち，伝える	・・・	4	3	2	1
【やさしく】						
声掛け	◎困っている人がいたら，すぐに声を掛ける	・・・	4	3	2	1
認め合い	◎それぞれの個性を認め合う（自分も周りの人も大切にする）	・・・	4	3	2	1
【たくましく】						
挨拶	◎元気よく，だれにでも　自分から挨拶する	・・・	4	3	2	1
元気	◎外で遊べる時は元気に遊ぶなど，明るい！	・・・	4	3	2	1

図１　アレンジしたアンケート項目

3 「学年力向上プロジェクト」を行うよさ

・子どもたちの中に「自分たちの学年」という意識が高まり，学年がまとまる
・教科担任制が実施されていく中，学年の子どもたちを担当する学年の教員たちで見守っていく時に最適である

実践していると，学級経営の視点を大切にしながらも，学年経営の視点に学年団の教員の意識が変換されていることを実感した。また，教科担任制を実施していくと，教科の進め方は各自に任される部分が多くなっていき，授業展開の話よりも児童理解の話が学年の話題の中心になっていく。課題に意識が向いてしまいがちな時でも,「２実践手順①」で記載した４月当初の「どんな子どもたちを育てていきたいか」の話し

合いに戻って話をすると，教員たちは学級のよさを伸ばしていくためにどうしていったらよいかの建設的な話し合いへ立ち戻ることも「学年力向上プロジェクト」を実践するよさである。

そしてなによりも，「学年がまとまっている」「自分たちの学年」という意識を子どもたちが実感できることが最大のよさである。行事を行う際にも，子どもたちの中から学年目標を意識した「学年の行事スローガン」を立てたいという意見が出てくる。学芸会の練習では「私たちなら（6学年なら），自分たちで音響の工夫ができるので任せて欲しいです」と主体的に取り組むことができていた。卒業後も学級力向上プロジェクトの話をする子どもたちの姿が印象的であった。

おわりに

3学期末に実施した学年集会における「学年力」の結果発表では，学年全体で児童も教員も，みんなで喜ぶことができた。それは，教員と子どもの「目指す方向性」を合わせることができたからである。学年力の項目を子どもたちとアレンジしたことで，学年目標は「自分たちの目標」となり，課題もよいところも自分たちで見つけられる子どもたちへと成長した。「学級力向上プロジェクト」を行えば，教員が励まし価値付けることが可能で，ほめる機会が多くある楽しい1年間となること間違いなしである。

図2 「学年力」について話し合う学年集会の様子

図3 学年集会で輪になって話し合いを行っている様子

「学級力」を「学校力」へ高める

竹内　満

1 「ぶつぶつタイム,したら発表できだした」

　これは2年生の女の子が絵日記に書いた言葉だ。「ぶつぶつタイム」とは,本校の授業の中で,友だちと意見交換をする時間のことである。その他にも,自由に席を立ち,友だちの考えを聞きに行くことのできる時間「ぶらぶらタイム」がある。このような時間は,学習面で厳しい子どもはもちろん,少し自信のない子どもにとっても,自分の考えを確認したり,学習の見通しを立てたりすることができる時間となる。また,学習が得意な子どもにとっては,相手に理解してもらえるように工夫して伝えたり,根拠を示したりしながら伝える力が必要となる。このような場面が,どの教室でも当たり前のように行われているのが,本校が取り組んでいる「子ども主体・子ども参画型の学習」,すなわち,子ども自身が学習リーダーを担いながら行う「子どもが創る授業」である。

　この取組を進める中で,「学級力」の取組に出会う機会を得た。愛知教育大学の磯部先生との出会いである。早速,講師として,磯部先生に来校していただき,「学級力」についての取組を学んだ。

　そして,「授業づくりも自分たちで」「学級づくりも自分たちで」を合言葉に全校で取組を始め,各学級が年間数回の「学級力アンケート」を実施する「1年間の学級力サイクル」のシステム化を図った。その特徴は,アンケートの分析やスマイル・アクションの取組などを全学級が模造紙大の「学級力新聞」として発行することだ（50ページ参照）。

「学級力新聞」では，この学級の変化の過程をつつみかくさず伝えることを大切にしている。レーダーチャートはよい結果ばかりではない。一方，経験の浅い教員からベテラン教員まで，どの教員にとっても学校として同じ取組を行っていることが，保護者の安心感につながりやすい。ここに，「学級」という可視化しにくい集団の状況を明らかにすることができる「学級力向上プロジェクト」のよさがある。それをシステムとして位置付けることで「学校力の向上」にアプローチすることができる。

レーダーチャートの学習項目が，グーンと伸びる時がある。その時，学級でなにが起きているのか。その理由を紐解くと，本校では，そこに，「授業」がある。低学年は，「学習リーダーが上手になった」と振り返る声が多い。また，本校では，様々な研究授業後に，参観した教員から児童へのメッセージがあるので，「研究授業でいっぱいほめてもらった」と振り返る声もある。このような振り返りの時には，「学習」に関する項目が向上する。高学年では，「自分たちでタイムマネジメントができた」，「話し合いの内容がよくなった」「セルフ授業（子どもたちだけで行う授業）ができた」などと感じた時，「学習」の項目が伸びている。

なんと，素敵なことだろう。子ども自身が，自分たちの学習の状況を，「集団としての伸び」として客観的に見ている。それは，まさに，「子ども主体・子ども参画型の学習」と「集団を視覚化できる学級力」のコラボが，こんな素敵な子どもたちの姿に現れているのだ。

時代の大きな転換期にある今，「学校とは？　学校が真に学校であるためには？」の答えは，子どもの姿にしかない。友だちと頭をくっつけて話し合う。分からないことを分からないと問える場がある。一生懸命に友だちに説明し聞き合う。この姿を生み出す環境を整えることこそが，学校が担う役割の転換期に必要な「学校力」ではないだろうか。

目の前に，「自分たちでできるよ！」と誇らしげに胸を張る子どもたちがいる。この姿を目指す方策が「学級力」の取組にある。それを学校としてシステム化することで，さらに「学校力」として高めることができる。そう考えると，明日の子どもたちの学びに夢が膨らむ。

おわりに

「個別最適化な学び」と
「協働的な学び」の創造に向けて

　1人1台端末は令和の学びの「スタンダード」，というキャッチフレーズの下，「GIGAスクール構想」の実現に向けたハード・ソフト・人材を一体とした整備により，児童生徒用端末の普及は急速に進展した。と同時に，統合型校務支援システムの導入・活用などに見る「校務の情報化」も教職員の「働き方改革」と相まって，積極的に進められている。

　こうした学校現場の実態を考慮し，「学級力向上プロジェクト」もアップデートする必要があるとのニーズに応えたのが本書である。その成果は，第5章「タブレット活用編」に結実されている。また，学級力集計ソフトについても，アンケート項目の変更に対応するなど，より発展的な取組をきめ細かくサポートできるようになった。

　ところで端末利用が日常的になると浮上してくるのが，端末利用の「ルール」に関する問題である。端末使用中に，教師から指示をする場合の「切り替え」や休み時間の利用など，学級や学校レベルでのローカルなルールが必要となるが，ここに学級力向上プロジェクトの優位性があると言えるだろう。なぜなら，R-PDCAサイクルを基本型とする「児童生徒と学級担任の協働による学級経営」が確立するからである。これは，特別活動「学級活動」の（1）学級や学校における生活づくりへの参画に対応した，学級・学校の問題発見・解決を目指すプロジェクト学習であり，市民性育成の視点からみてもその素地を学ぶ機会として高い教育的価値を有すると考えられる。

　こうした「協働的な学び」とあわせて「学習の個別化」も，その重要性が指摘されている。中央教育審議会答申「『令和の日本型学校教育』の構築を目指して（令和3年1月）」によると，「教師が子供一人ひとりに応じた学習活動や学習課題に取り組む機会を提供することで，子供自身が

学習が最適となるよう調整する『学習の個別化』が必要である」とされている。この「学習の個別化」の対となる概念が「指導の個別化」である。本答申によれば「一定の目標をすべての児童生徒が達成することを目指し，個々の児童生徒に応じて異なる方法等で学習を進めることであり，その中で児童生徒自身が自らの特徴やどのように学習を進めることが効果的であるかを学んでいくことなど」も含むとされている。この「学習の個別化」「指導の個別化」の推進にも，学級力向上プロジェクトは貢献が期待できるだろう。小学校高学年や中学校では，学校行事を利用しそのめあてを学級力と関連づけて児童生徒に設定させ，学級力向上の意識化を図る実践事例が報告されているが，学級レベルでのR-PDCAサイクルと同時に，個人レベルでもR-PDCAサイクル回す習慣の確立が期待できるからである。

　たとえば，記録を残す場合，ノートへ手書き，端末に文字入力する，写真や動画に記録するなど，端末の普及によって実に多くの手段が利用できるようになった。「指導の個別化」を考慮するならば，最終的には教師が使い分けを指示するのではなく，各手段の特徴や記録を残す場面・状況を判断し，自由に使い分けることができる児童生徒を育む必要があるのではないだろうか。そのためにも，学習方法やその効率に注目させるとともに，児童生徒が自身の特徴や各自に合った学習方法・進め方を自己決定できる状況をつくり，試行錯誤しながら粘り強く改善することが重要になると考えられる。さらにこうした取り組みを，支持的な学級風土のなかで協働的に実践することで，個人としての，また学級集団としての成長が実現するであろう。その先に個別最適化された学びの地平が開かれている。

　本書が，未来を切り拓いていく「教育の礎」となることを願ってやまない。

秋田県立大学・教授　伊藤大輔

執筆者一覧 （執筆順）

磯部征尊　　　編者

田中博之　　　編者

向田識弘　　　金沢学院大学　講師

日比野浩規　　愛知県名古屋市立神宮寺小学校　教諭

佐藤　宏　　　北海道千歳市立信濃小学校　教諭

河村亮太　　　岐阜県関市立板取川中学校　教諭

小川沙也加　　高知県越知町立越知小学校　教諭

高尾早彩　　　新潟県新潟市立大形中学校　教諭

内藤一貫　　　東京都西東京市立本町小学校　教諭

小幡貴司　　　東京都西東京市立本町小学校　教諭

中島大輔　　　京都府八幡市立中央小学校　教諭

熊瀬功督　　　岡山県津山市立津山東中学校　教諭

成瀬雄志　　　愛知県知立市立知立西小学校　教諭

宇都　亨　　　兵庫県尼崎市立小園小学校　主幹教諭

兼松健太郎　　愛知県丹羽郡扶桑町立扶桑中学校　教諭

今宮信吾　　　大阪大谷大学　教授

安部　徹　　　東京都文京区立小日向台町小学校　主幹教諭

藤井幸一　　　大阪府堺市立浜寺小学校　教頭

今田宗孝　　　愛知県春日井市立坂下中学校　校長

仲野和義　　　大阪府富田林市立向陽台小学校　教諭

亀山雅之	関市教育委員会　学校教育課　課長補佐
藤原寿幸	横浜国立大学大学院　准教授
寺山晋一	新潟県新潟市立小針小学校　教諭
坂井孝行	新潟県新潟市立大形中学校　教諭
林　秀樹	群馬県桐生市立桜木小学校　教諭
大山和則	愛知県知立市立猿渡小学校　教諭
齋藤まゆみ	新潟市教育委員会　学校支援課　副参事　指導主事
神子島　強	新潟県新潟市立上所小学校　教諭
河村敏文	愛知県日進市立日進西中学校　教諭
横山和伸	兵庫県伊丹市立鴻池小学校　主幹教諭
上松　開	愛知県日進市立日進中学校　教諭
平林千恵	はつしば学園小学校　教諭
菊池友也	東京都新宿区立四谷小学校　指導教諭
川畑　研	愛知県知立市立知立西小学校　教諭
小松陽子	東京都調布市立上ノ原小学校　主幹教諭
竹内　満	高知県越知町立越知小学校　校長
伊藤大輔	秋田県立大学　教授

※所属・肩書きは執筆時

編者プロフィール

磯部 征尊 （いそべ　まさたか）

　愛知教育大学創造科学系技術教育講座　准教授

　専門：学校教育学

　新潟県新潟市出身。新潟大学教育学部卒業後，上越教育大学大学院学校教育研究科

　を経て兵庫教育大学大学院連合学校教育学研究科博士課程修了。

　[著書]

　『学級力で変わる子どもと授業』（共著）

　『「学級力」を鍛え，授業で発揮させる』（共著）

　『マンガで学ぼう！　アクティブ・ラーニングの学級づくり』（編著）など。

田中 博之 （たなか・ひろゆき）

　早稲田大学教職大学院　教授

　専門：教育工学および教育方法学

　1960年生まれ。大阪大学人間科学部卒業後，大阪大学大学院人間科学研究科博士

　後期課程在学中に大阪大学人間科学部助手となり，その後大阪教育大学専任講師，

　助教授，教授を経て，2009年4月より現職。1996年及び2005年に文部科学省長期

　在外研究員制度によりロンドン大学キングズカレッジ教育研究センター客員研究

　員。

　[著書]

　『学級力が育つワークショップ学習のすすめ』（単著）

　『学級力向上プロジェクト』（編著）

　『学級力向上プロジェクト2』（編著）

　『学級力向上プロジェクト3』（編著）

　『若手教員の学級マネジメント力が伸びる！』（編著）

　『新全国学テ・正答力アップの法則』（単著）

　『「主体的・対話的で深い学び」学習評価の手引き』（単著）

　『NEW学級力向上プロジェクト』（編著）

　『子どもの自己成長力を育てる』（単著）

　『授業で使える！　教師のためのChatGPT活用術』（単著）など。

NEW学級力向上プロジェクト2

1人1台端末で子どもたちが主役になる学級づくり（ダウンロード資料付）

2024年9月30日　初版第1刷発行　　　検印省略

編　者　　　磯部征尊　　田中博之
発行者　　　金子紀子
発行所　株式会社 金子書房
　　　　　〒112-0012　東京都文京区大塚3-3-7
　　　　　TEL　03-3941-0111（代）
　　　　　FAX　03-3941-0163
　　　　　振替　00180-9-103376
　　　　　URL　https://www.kanekoshobo.co.jp

印刷／藤原印刷株式会社　　製本／有限会社井上製本所
ⓒ Masataka Isobe, Hiroyuki Tanaka,et al. 2024　Printed in Japan
ISBN978-4-7608-3045-9　C3037